운명과
경주를 한
**정홍원
스토리**

믿음이란 한 알의 밀알이 땅에 떨어져 죽음으로 많은 열매를 맺음과 같이 진리의 열매를 위하여 스스로 죽는 것을 뜻합니다. 눈으로 볼 수는 없으나 영원히 살아 있는 진리와 목숨을 맞바꾸는 자들을 우리는 믿는 이라고 부릅니다. 「믿음의 글들」은 평생, 혹은 가장 귀한 순간에 진리를 위하여 죽거나 죽기를 결단하는 참 믿는 이들의, 참 믿는 이들을 위한, 참 믿음의 글들입니다.

운명과
경주를 한
정홍원
스토리

정홍원 지음

차례

프롤로그 세간에 떠도는 수저 이야기 _9

1.
내 삶의 무게는
내가 만드는 것이다

화장실에 갔다 왔더니 떠나 버린 버스 _19
한글날 태어난 열두 남매 중 열 번째 아이 _25
금오산을 뛰어오르고 섬진강 바람을 맞으며 _31
천신만고 끝에 진주사범학교에 들어가다 _36
내게 숙명과도 같았던 홀로서기 _42
"스승이 되기 전에 먼저 참된 사람이 되자" _48

2.
꿈을 꾸고 좇으면
현실이 된다

개구리 울음소리만 들으면 눈물이 나는 이유 _57
통영 노대도 피난 시절과 아버지의 갑작스런 별세 _63
1등 하면 부산 가서 교사로 일하며 야간대학을 갈 수 있다는 꿈 _69
"영희야, 니 밥 뭇나?" "이게 무요?" _74
낮에는 초등학교 교사로, 밤에는 야간대학 법대생으로 _80
아버지와 셋째형님을 떠올리며 사법시험 공부에 돌입하다 _84

3.

성실하고 진실하면
실력이 된다

79명 중 4등으로 졸업한 사법연수원 _93
"소매치기 좀 많이 했네요?" _101
사과 한 광주리와 《목민심서》의 지혜 _107
〈울고 싶어라〉 가수 이남이 씨와의 인연 _113
48시간도 안 돼 해결해 버린 사건 _120
수많은 화제를 뿌린 대도 조세형 탈주 사건 _126

4.

옳고 바른 길로 나아가면
삶의 보람과 만난다

이철희 장영자 어음 사기 사건과 수서 비리 사건 _137
우리나라 최초의 컴퓨터 해커 사건을 해결하다 _145
다시 물고기가 살 수 있게 된 울산 태화강 _151
검사 생활 30년 만에 써본 사표 _157
"웬만하면 소송하지 말고 대화로 해결해 보십시오" _165
중앙선거관리위원회 상임위원을 그만둔 이유 _169
버스를 타고 방방곡곡을 돌아다니면서 법률 봉사를 하다 _176

5.
**인생은 결국
봉사하다 떠나는 것이다**

뜻하지 않게 맡게 된 새누리당 공천위원장 _185
꿈에도 생각해 본 적이 없던 국무총리가 되다 _195
반구대 암각화와 밀양 송전탑에 얽힌 갈등 _202
소치 올림픽 폐막식 무렵 호텔에서 울려 퍼진 피아노 선율 _209
해외에 나갈 때마다 들을 수 있었던 말 _215
국무총리 2년 동안 가장 고통스럽고 안타까웠던 순간들 _220
퇴임 후 작은 교회에서 노숙인들과 함께한 일 _231
깨끗하고 따뜻한 사회를 만들기 위한 운동 _240
사상 초유의 현직 대통령 파면과 구속 _246

에필로그 한줌 바람도 제 갈 길을 따라 불거늘 하물며 사람이랴 _255

"인생의 가장 큰 영광은
한 번도 실패하지 않음이 아니라
실패할 때마다 다시 일어서는 데 있습니다."
— 넬슨 만델라

프롤로그

세간에 떠도는 수저 이야기

근래 신문 방송과 인터넷 그리고 SNS 등에 떠도는 이야기 중 유독 눈에 띄는 것 하나가 있다. 이른바 '수저 계급론'이다. 젊은이들 사이에 유행하고 있는 수저 계급론이란 본인의 의지와 무관하게 부모가 가진 재산과 능력 여하에 따라 태어나자마자 자신들의 신분이 금수저, 은수저, 동수저, 흙수저 등으로 구분된다는 것이다. 서양 속담에 "은수저를 물고 태어나다born with a silver spoon in one's mouth"라는 말이 있다. 유럽 귀족층에서는 평상시에 은으로 된 식기를 사용하고, 아기가 태어나면 유모가 은으로 된 수저로 젖을 먹였다. 은은 곧 부의 상징이었다. 아마도 수저 계급론은 여기서 유래된 듯하다. 생겨난 지 얼마 되지 않은 이 말이 벌써 국어사전과 시사상식사전에 기록될 정도로 만만찮은 파급력을 보이고 있다.

왜 요즘 젊은 세대들은 자신의 처지를 수저에 빗댄 이 같은 계급론에 공감하며 동조하는 것일까? 그만큼 사는 게 너무 어렵고 힘겹기 때문이리라. '88만 원 세대'니 '3포 세대'니 혹은 '5포 세대', '7포 세대'니 하는 것들은 21세기 대한민국을 살아가는 청춘들의 삶이 얼마나 고단하고 처절한지를 여실히 드러내 주는 신조어들이다. 이들이 가장 분노하는 것은 설령 현실이 그렇다 치더라도 이를 악물고 최선을 다해 노력하면 흙수저로 태어났지만 언젠가는 금수저가 될 수 있다는 '희망'과 '가능성'이 사라지고 있다는 사실일 것이다. 그것은 꿈을 잃어버린, 또 다른 의미의 상실의 시대, 잃어버린 세대의 등장이라고도 할 수 있다. 기성세대로서 또한 총리를 지낸 사람으로서 이 땅의 청춘들이 세상을 자조 섞인 시각과 냉소 어린 시선으로 바라볼 수밖에 없는 현실을 개선하지 못한 데 대해 깊은 고뇌와 더불어 책임감을 느끼게 된다.

몇년 전 우리 언론에는 프랑스 국가개혁담당 장관으로 임명된 장 뱅상 플라세 장관의 인터뷰가 크게 보도된 바 있다. 아직 40대 젊은이인 그는 한국계 입양아 출신이다. 한국계 입양아 출신이 프랑스 장관이 된 것은 플뢰르 펠르랭 전 문화부 장관에 이어 두 번째다. 플뢰르 펠르랭 전 장관은 내가 총리로 재임 중이던 2013년 3월 중소기업 혁신 디지털 경제부 장관 자격으로 한국을 방문해 한 호텔에서 진행된 행사가 끝난 뒤 나와 환담을 나눈 적 있었다. 환한 미소와 당당한 태도 그리고 격조 있는 매너에 깊은 인상을 받았던 기억이 난다.

1968년 서울에서 태어난 장 뱅상 플라세는 부모에게 버려져 보육원에서 생활하다가 일곱 살 때 프랑스 서북부 노르망디의 한 가정으로 입양되어 4남매와 함께 자랐다고 한다. 경제학과 금융법을 전공한 그는 금융회계사로 사회생활을 시작했지만 의회대표 보좌관을 지낸 후, 차곡차곡 정치 경력을 쌓아 상원의원을 거쳐 장관 자리에 올랐다. 2001년 유럽생태녹색당에 가입했던 그는 2015년 녹색당이 집권 연정을 탈퇴하고 급진 좌파와 연대하자 탈당해 환경민주당을 창당했다. 프랑스 정계의 주요 인물로 부상한 그는 '40세 이전에 국회의원이 되겠다'는 자신의 꿈을 화장실 벽에 걸어 뒀었다고 한다. 그리고 마침내 꿈을 이룬 것이다.

그는 프랑스인 양아버지가 자신의 뿌리인 한국을 잊지 말라며 한국어를 배우라고 권하자 대번 이를 거절했다고 한다. '혹시라도 다시 한국으로 보내지는 게 아닐까' 하는 두려움 때문이었다는 것이다. 그는 한 인터뷰에서 자신의 어린 시절을 이렇게 회고했다.

"저처럼 '버려진 기억'을 갖고 있는 사람은 부모와 형제자매로부터 받지 못한 사랑을 새로운 가족으로부터 받고 싶다는 강한 의지가 생깁니다. 그래서 저는 프랑스인보다 더욱 프랑스인이 됐을 수도 있습니다. 저를 따뜻하게 받아 준 부모님과 형제자매, 그리고 프랑스를 저는 열렬히 사랑했습니다. 불과 넉 달 만에 프랑스어를 할 수 있을 정도였으니까요."

부모에게서 버려진 아이였던 그가 낯선 외국 땅에서 서양 사람들과 경쟁하며 겪었을 남모를 어려움과 고달픔을 우리가 어찌 다 짐작할 수 있겠는가? 헤아릴 수 없이 많은 눈물을 흘려야 했을 것이다. 고향에 있는 부모에 대한 원망과 그리움은 또 얼마나 간절했을 것인가? 이 모든 것들로부터 그를 지켜 낸 것은 스스로 만들어 낸 강인한 정신력, 즉 야망이었다.

"비록 저는 버림받은 흙수저로 태어났지만 꿈을 잃지 않았기에 장관직까지 오를 수 있었습니다. 정치는 개인의 이익이 아니라 공공의 이익을 위해 일할 수 있는 직업입니다. 프랑스인들에게 받은 것을 되돌려 줄 수 있는 장관이 되어 너무 기쁩니다. 저는 야망이 있다는 사실을 공개적으로 인정해 왔습니다. 프랑스인들은 개인적인 야망을 드러내는 것을 꺼리기 때문에 저를 싫어하거나 비판하는 사람도 많았습니다. 그러나 제게 이런 야망이 없었더라면 힘든 입양 경험을 가졌던 다른 아이들처럼 청소년기에 많은 어려움을 겪었을 것입니다."

그의 인터뷰는 매우 인상적이었다. 어찌 보면 좌절하거나 탈선하기 쉬운 환경이었음에도 불구하고 그는 불굴의 의지로 자신을 일으켜 프랑스 장관이 될 수 있었다. 나는 흥미로운 점 하나를 발견했다. 장 뱅상 플라세 장관이 쓴 자서전 제목은 《내가 안 될 이유가 없지》였으며, 플뢰르 펠르랭 전 장관 이름 중 플뢰르의 의미는 '꽃'이라는 사실이었다. 그들은 자신이 태어난 터전에서 버림받은 처지였지만 언제나 자신들을 '꽃'이라고 여기며, "내가 하면 되지, 안 될 이유가 뭐가 있어?"라고 생각하며 당당하게 살아온 것이다.

수저 계급론을 접하면서 나는 내 젊은 날들을 떠올렸다. 장 뱅상 플라세 장관이나 플뢰르 펠르랭 전 장관처럼 조국과 부모로부터 버려진 신세는 아니었지만 나 또한 그에 못지않은 흙수저였다. 조국의 강토와 백성들이 아직도 일제의 식민지로 신음하고 있던 1944년, 나는 경남 하동에 있는 농촌 마을에서 태어났다. 독자였던 아버지는 자식을 많이 낳아 슬하에 무려 열두 남매나 두었는데, 나는 그중 열 번째였다. 모든 게 넉넉지 않았던 시절 그나마 혜택은 형님들에게 돌아갔고 한참 아래인 나는 존재감도 없었다. 혼란스러운 해방 공간과 피비린내 나는 6·25전쟁의 처참함 속에 산다는 건 그 자체가 목적이었을 뿐 꿈이니 희망이니 하는 말조차도 사치였다. 아버지는 내가 중학교를 졸업하자 집안일을 도우며 농사나 짓고 살기를 바라셨다.

어머니와 둘째형님의 간청이 아니었다면 나는 사범학교마저 갈 수 없었을 것이다. 학교를 다니며 나는 정직과 성실을 배웠다. 무엇보다 나는 나 자신을 믿었다. 되돌아보면 참으로 한 치 앞을 알 수 없는 인생이었다. 보이지 않는 손길에 의해 나는 서울로 오게 되었고, 초등학교 교사로 일하며 야간대학을 다닐 수 있는 행운을 얻게 되었다. 피눈물 나는 노력 끝에 사법시험에 합격했지만 시골 출신에 사범학교와 야간대학 졸업장이 전부였던 나는 오직 정직과 성실 그리고 실력만으로 나를 증명해야 했다. 출신도, 배경도, 학벌도 내세울 게 없었지만 나는 항상 나를 믿었고 존중했고 사랑했다. 한 번도 내가 흙수저라는 사실에 좌절하거나 낙심하거나 지레 포기하지 않았다.

"하늘은 스스로 돕는 자를 돕는다."

중학생만 되도 아는 경구다. 워낙 많이 들어 식상할 수도 있다. 요즘 같은 세상에는 맞지 않는 말이라고 치부할 수도 있다. 하지만 나는 이 경구를 액면 그대로 믿으며 살아왔다. 주변 그 누구도 나를 돕거나 내게 도움을 줄 수 없었을 때 유일하게 나를 도운 건 바로 나 자신이었다. 내가 나를 포기하지 않고 끝까지 믿으며 최선을 다했을 때 어디선가 보이지 않는 도움의 손길이 나타나곤 했다―나는 그것을 하나님의 손

길이라고 믿는다. 결코 돈과 명예를 좇아 살지 않았음에도 조국은 내게 총리직을 감당하게 해주었다. 2년 동안 총리로 있으면서 하지 못한 일들에 대해 많은 아쉬움이 남지만 나라와 국민을 위해 봉사할 수 있는 기회가 주어진 데 대해 그저 감사할 따름이다.

"낮은 자세로 국민들께 다가가서 열심히 듣고 소통하는 '국민 곁의 총리'가 되겠습니다."

총리로 취임하면서 내가 했던 말이다. 나는 나의 고난의 시절을 되새겨 대통령의 손길이 미치지 못하는 구석구석의 소외되고 열악한 환경 속에 놓인 사람들을 찾아다니며 이야기를 듣고 사정을 파악하는 국민 곁의 총리가 되고자 했다. 그래서 주말이면 불우시설이나 소외된 지역을 찾아다니며 그들을 어루만지기 위해 애를 썼다.

나는 부장검사 시절 난생처음 분양받았던 아파트에서 23년을 살았다. 총리로 지명된 뒤 경호팀에서 내 집을 찾느라고 헤맸다는 이야기를 들었다. 너무 오래된 허름한 집이라 이런 데 살 거라곤 짐작하지 못했다는 것이다. 총리에서 물러난 뒤에는 모든 것을 내려놓고 기타도 치고 쌍둥이 손녀들도 돌보면서 처음으로 유유자적하고 행복한 시간을 맛보았다. 주일이면 노숙자들과 함께 예배를 드리고 식사 봉사도 하면서 어떻게 하면 대한민국을 좀더 따뜻하고 깨끗한 사회로 만들 수 있을까 고민하다가 몇 군데에서 강연할 수 있는 기회가 생겨 그 뜻을 호소하기도 했다. 내 생애 남은 시간들을 조국과 국민들을 위해 더 많이, 더 치열하게 봉사했으면 하는 바람이다. 나는 흙수저로 태어났지만 그동안 조국과 국민들로부터 감당할 수 없는 혜택과 사랑을 받았기 때문이다.

이 책은 내 젊은 날을 중심으로 내 삶에 대한 기록이다. 사는 게 너무 어렵고 힘겨워 많은 것을 포기하며 힘겹게 살아갈 수밖에 없다고 생각하는 요즘 젊은이들에게 흙수저로 살아온 내 청춘의 이야기를 들려주고 싶었고, 내 후손들에게도 기록으로 남겨 주고 싶었다. 나는 그들에게 다가가 손을 잡고 수저 색깔만 쳐다보지 말고 자기 자신을 끝까지 믿고 스스로를 돕는 사람이 되라고 말해 주고 싶다. 그랬을 때 어디선가 도움의 손길이 나타날 것이다. 그게 바로 하늘이 내려 준 보이지 않는 손이다. 그 보이지 않는 손을 더 많이 만들어 내는 것이 내 마지막 소명이 될 것이다.

여러 가지 사정으로 못 다한 이야기들도 있어 아쉬움이 있지만 심중에 담아 둔 나머지 말들은 틈틈이 여러 경로를 통해 밝힐 기회가 있으리라 생각한다.

평생 반려자로 내 곁을 묵묵히 지켜 준 사랑하는 아내와 아들, 며느리, 쌍둥이 손녀 가족 모두에게 이 책을 바치며, 깊고 깊은 감사의 마음을 전한다.

2018년 9월

정홍원

° 어느 날 아침 학교를 가기 위해 일어나려 했지만 몸이 말을 듣지 않았다.
온몸이 꼬이면서 정신을 잃고 쓰러졌다. 연탄가스를 마신 거였다.
다행히 일찍 발견되어 목숨을 구할 수 있었다. 객사할 수도 있던 아찔한
순간이었다. 그때도 나는 이 사실을 집에 알리지 않았다.
짐이 되기 싫었기 때문이다. 얼마 후 나는 다른 친구의 집으로 거처를 옮겼다.
그렇게 세 친구의 집을 더 옮겨 다닌 끝에 가까스로 중학교를 졸업할 수 있었다.

1

내 삶의 무게는
내가 만드는 것이다

화장실에 갔다 왔더니
떠나 버린 버스

절망 속에서도 희망은 싹트고 있다

안 보였다. 내가 타고 온, 다시 타고 가야 할 버스가 보이지 않았다. 정신없이 사방을 휘젓고 다녔지만 버스는 끝내 시야에 들어오지 않았다. 나는 다른 기사들을 찾아가 사정했다.

"보이소, 여기 서 있던 버스 못 봤습니꺼?"

"학생 머라캤노? 버스? 어데 가는 긴데?"

"부산에서 마산 쪽으로 가는 버스 말입니다."

"조금 전에 한 대 가뻿다."

"우짜꼬!"

눈앞이 캄캄했다. 아닌 밤중에 홍두깨도 유분수지 어떻게 이런 일이 일어날 수 있단 말인가? 그 당시는 부산에서 진주로 가는 직행 버스가 없어 마산으로 갔다가 다시 진주행 버스로 갈아타야 했기에 부산에서 꼭두새벽에 출발한 버스가 비포장도로를 굽이돌아 김해의 진영 버스 정류장에 멈춰 선 것은 불과 10여 분 전의 일이었다. 카랑카랑한 차장 목소리가 뒷좌석까지 울려 퍼졌다.

"잠시 쉬었다 갈낀께 화장실 가실 분들은 퍼뜩 댕겨 오이소!"

그때 화장실을 가지 말았어야 했다. 아니, 가더라도 책가방은 가지고 내렸어야 했다. 금방 다녀올 요량으로 책가방을 선반 위에 올려놓은 채 버스에서 몸만 빠져나왔던 것이다. 줄이 길면 돌아서서 다시 버스에 올랐어야 했다. 하지만 나는 설마 무슨 일이 있으랴 안심한 채 느긋하게 볼일을 보고 나온 것이다. 아무리 후회를 하고 복기를 해도 떠나 버린 버스는 돌아오지 않았다. 무심한 차장이 야속하기 그지없었다. 최소한 누가 탔는지 안 탔는지 확인은 하고 출발을 했어야 하는 거 아닌가? 그게 어떤 가방인데, 그게 어떤 가방인데….

책가방 속에는 마산고등학교 입학원서가 들어 있었다. 나는 마감이 며칠 남지 않은 입학원서를 수일 내로 마산고등학교에 접수시켜야 했다. 날 두고 가버린 버스와 함께 입학원서도 속절없이 날아가 버렸다. 더불어 내 희망도 날아가 버린 셈이다. 천신만고 끝에 다음 버스를 타고 마산까지 뒤쫓아 간다 해도 통영으로 가는 차가 그대로 남아 있을 리 없었다. 그렇다고 다시 부산에 가서 입학원서를 재발급 받는 것도 어려운 일이었다. 출신 학교인 경남중학교를 찾아가 담임선생님께 자초지종을 설명하고 원서를 작성해 도장을 받아 오는 건 기나긴 시간과 얼마간의 돈이 소요되는 일이었다. 진퇴양난이란 바로 이런 것이다. 나는 원서접수를 포기하기로 마음먹었다. 마산고등학교와 나의 인연은 여기까지였다. 운명이라 여겼다. 애당초 안 되는 일이었던 것이다.

1.
내 삶의 무게는 내가 만드는 것이다

 눈물이 핑 돌았다. 고개를 들어 위를 올려다보았다. 하늘은 푸르렀지만 정신은 몽롱했다. 마냥 이러고 있을 수만은 없었다. 교복 상의 주머니에서 바스락거리는 것이 손에 쥐어졌다. 또 하나의 서류가 그곳에 있었다. 진주사범학교 입학원서였다. 나는 마감이 며칠 남은 마산고등학교 입학원서는 책가방 속에 잘 넣어 놓고, 오늘이 특차 지원 마감인 진주사범학교 입학원서는 교복 상의 주머니에 넣어 두었던 것이다. 진로는 그렇게 결정되었다. 선택의 여지도 없었고, 고민할 필요도 없었다. 나는 마산으로 가 잠시 마음을 추스른 뒤 진주로 향하는 버스에 몸을 실었다. 진주사범학교에 진학하게 되면 어떻게 학교를 다녀야 할지 만감이 교차했다. 그날 나는 원서 마감시간 무렵에 가까스로 진주사범학교에 입학원서를 접수시킬 수 있었다.

 "홍원아, 니 인자 중학교만 졸업하면 집으로 들어오너라. 아부지 도와가 집안일도 허고, 농사도 짓고, 힘이 되어야 하지 않겠나? 니 형들 보거라. 공부 마이 해봐야 다 소용없다!"

 아버지는 내가 중학교를 졸업할 무렵이 되자 공부 그만하고 집으로 들어와 농사일을 도우라고 채근하셨다. 나는 진주에서 사시던 부모님을 떠나 부산에서 살고 있던 큰형님 집에서 기거하면서 영도초등학교를 거쳐 경남중학교에 다니고 있었다. 당시는 상급학교에 진학하려면 중학교와 고등학교 모두 치열한 입학시험을 치러야 했다. 경남중학교는 경상남도 지역에서도 손꼽히는 명문 학교였다. 나는 마음껏 공부할 수 있는 환경만 주어진다면 한이 없겠다는 생각을 할 만큼 어려움 속에서도 늘 우등상을 받을 정도로 좋은 성적을 유지했다. 다른 집 같으면 우리 아들이 경남중학교에서 우등상을 받는다며 자랑을 하고 다녔 겠지만 우리 집에서는 그런 것은 당연한 것으로 여겨졌다. 아버지는 중학교 졸업과 동시에 나를 집으로 불러들이고자 하셨다. 이런 사정을 잘 알고 있다 보니 평소 나는 누구에게도 공부 문제로 의논을 하거나 진로에 대해 상담을 한 적이 없었다. 영도초등학교 졸업을 앞두고 경남중학교 진학을 결정한 것도 나였고, 합격자를 발표하는 날도 혼자 가서 발표 결과를 보고 왔다. 공부만 할 수 있게 해준다면 모든 걸 나 혼자 해도 상관이 없었다.

나는 공부에 대한 애착이랄까 집념 같은 게 남달랐던 것 같다. 어느 날 갑자기 큰형님이 부산을 떠나 다른 곳으로 이사를 하면서 나는 졸지에 친구 집을 전전하는 신세가 되었지만 부모님께 힘들다고 투정을 부리거나 하숙을 하게 해달라고 아쉬운 소리를 할 수가 없었다. 집안 형편이 어렵다는 것을 알고 있었기에 그럴 엄두조차 내지 못했다. 나는 친구 집에 얹혀 지내며 눈칫밥을 먹는 한이 있더라도 부산에서 계속 학교를 다니고 싶었다. 그러다가 중학교 졸업이 가까워 오자 아버지로부터 집으로 들어오라는 통고를 받기에 이른 것이다. 친구들은 경남중학교를 졸업하면 으레 명문인 경남고등학교에 진학하는 것으로 여겼지만 나는 어떤 학교에 진학하느냐가 문제가 아니라 상급 학교를 갈 수 있느냐 없느냐가 문제였다. 나는 오랜만에 부모님을 찾아뵈었다. 아버지께 저간의 사정과 내 심정을 말씀드리기 위해서였다.

"아버님, 지는 상급학교에 꼭 진학하고 싶습니다. 허락해 주이소!"
"…안 된다. 이자 그만 집으로 들어와 부모를 도와라."
요지부동이었다. 이때 비장한 표정으로 어머니가 나섰다. 천군만마

1.
내 삶의 무게는 내가 만드는 것이다

를 얻은 기분이었다.

"보소, 공부 잘하는 아들을 와 주저앉힐라 합니까? 야가 그토록 공부를 하고 싶다는데, 고마 시킵시다. 이태까지도 지가 다 잘 알아서 해왔지 않소?"

어머니와 둘째형님의 간절한 호소로 완고하기 그지없던 아버지와 간신히 타협점을 찾은 게 바로 진주사범학교였다. 해병대에 입대해 중위로 복무 중이던 둘째형님이 아버지에게 편지를 보내 나를 상급 학교에 진학시켜야 한다고 간곡히 탄원했던 것이다. 부산이나 마산 등에 있는 학교는 집에서 너무 멀어 안 되니 가까이에 있는 진주사범학교에 진학하여 틈틈이 집안일을 거들다가 졸업하면 고향 인근 학교에서 교사로 일하면 되지 않겠느냐는 설득이 주효했다. 아버지로서는 나를 곁에 두고 보면서 일도 시킬 수 있고, 나로서는 어쨌든 상급 학교에 진학해 나중에 교사로 취직도 할 수 있으니 두루 좋은 일이었다. 더 이상의 다른 타협점은 없었다. 나는 아버지의 말씀을 받아들이기로 했다. 너 나 없이 먹고살기 어렵던 시절이라 좋은 직장을 구한다는 게 하늘의 별 따기였기에 학교 선생이란 직업은 선망의 대상이기도 했다. 따라서 사범학교 입시 경쟁은 어느 학교 못지않게 치열했다.

하지만 나는 여전히 미련을 버리지 못했다. 진주사범학교는 최후의 선택지였을 뿐 내겐 믿는 구석이 하나 더 있었다. 마산고등학교였다. 계속 부산에 남아 공부할 수는 없을망정 마산으로라도 옮겨 지역에서 이름난 학교였던 마산고등학교에 진학하고 싶었던 것이다. 게다가 마산고등학교에는 셋째형님이 영어 교사로 근무하고 있었다. 입학만 하면 셋째형님의 도움을 받아 아버지를 설득해서 학교를 다닐 수 있으리라는 희망이 있었다. 경남중학교에서 우수한 성적을 유지하던 내 실력으로 봤을 때 잘만 하면 수석 입학도 가능할 것 같은 생각이었다. 그렇게만 된다면 아버지도 끝끝내 반대만 하지는 못할 거라 여겼다. 그렇게 나는 마산고등학교와 진주사범학교 입학원서 두 장을 준비했던 것이다.

한글날 태어난 열두 남매 중 열 번째 아이

참고 기다리면 기회는 반드시 온다

해방되기 1년 전인 1944년 10월 9일이 내가 태어난 날이다. 내 또래 대부분이 생일을 음력으로 기억하고 있는 데 반해 나는 태어날 때부터 정확하게 양력 생일로 기록되었다. 이유는 분명치 않지만 공교롭게도 그날은 한글날이었다. 국권을 상실한 식민지 조국의 암울한 현실 속에서 태어났음에도 불구하고 국혼의 상징인 한글의 반포를 기념하는 날 세상에 나온 것이다. 그래서인지 어려서부터 한글날에 대한 애착이랄까 생일을 맞는 느낌이 남달랐다.

'내 생일만 되면 온 국민이 모두 일 안 하고 쉬면서 축하해 주니 기분 좋네.'

어린 시절 생일을 맞을 때면 나는 속으로 이렇게 생각하면서 괜히 혼자 신이 나곤 했다.

한글날이 처음 생긴 것은 세종대왕이 훈민정음을 반포한 지 480주년이 되던 1926년 11월 4일이었다. 이후 1940년 7월 《훈민정음 해례본》이 발견됨으로써 정확한 반포일인 음력 9월 10일, 즉 양력 10월 9일을 한글날로 확정하게 되었다. 하지만 당시는 일제강점기였기에 해방되고 대한민국 정부가 수립된 이후인 1949년에야 비로소 한글날이 공휴일로 지정되었다. 그러다 몇 차례 우여곡절을 겪은 끝에 2013년 재차 법정 공휴일로 확정되었다.

한글날의 역사를 살펴보면 참으로 파란만장하다. 이런저런 사연이 많은 것이 어쩌면 내가 살아온 인생과 비슷하다는 생각을 할 때도 있다. 내가 태어났을 때 이미 위로 형님과 누님들이 아홉 명이나 있었다. 나는 열 번째 아이였다. 어머니는 내 뒤로도 둘을 더 낳으셨다. 그러니까 내 동기간은 전부 열두 명이다. 어쩌면 그렇게 잘 맞춰서 낳으셨는지 남녀 비율도 딱 맞아서 위로 아들 셋을 먼저 낳고, 아래로 딸 셋을 차례로 낳은 다음, 사내아이와 계집아이를 번갈아 낳아 6남 6녀를 정확히 채우셨다. 다산이 다복의 상징이기도 했고, 가족의 숫자가 경제력의 척도처럼 여겨지기도 했던 시절이라 다른 집들도 대개 마찬가지였다.

할아버지는 수완을 발휘하여 약간의 농토를 마련하셨다. 완고한 할아버지 밑에서 자란 아버지 역시 할아버지와 기질이 비슷했지만 재물을 모으는 요령은 닮지를 않으셨다. 전통적인 향리의 유학자였던 아버지는 새로운 모험을 한다거나 격식을 파괴한다거나 현실에서 일탈한다거나 하는 것과는 거리가 멀었다. 아버지는 독자였다. 그래서 자식 욕심이 많았고, 자식들에 대한 기대가 각별했는지도 모른다. 가부장적인 아버지로부터 관심을 한 몸에 받은 건 당연히 맏아들인 큰형님

1.
내 삶의 무게는 내가 만드는 것이다

이었다. 전통적인 사회에서 장남이 갖는 권위와 특권은 대단했다. 아무리 머리가 좋고 능력이 출중해도 다른 형제가 장남의 위세를 넘어서기는 어려웠다.

그렇지만 큰형님은 장자로서의 혜택을 톡톡히 누리면서도 워낙 자유분방한 기질을 가지고 있어 아버지의 기대와는 거리가 있는 방향으로 나아갔다. 장남으로서 집안을 책임진다거나 맏아들로서 동생들을 돌본다거나 하는 것과는 전혀 상관없는 삶으로 일관했다. 그러다 보니 아버지의 기대는 큰형님에게서 점점 둘째형님과 셋째형님에게로 옮겨갔다. 둘째형님과 셋째형님은 남자로서 서열이 위인 데다 당시만 해도 가세가 기울지 않은 때라 장자와 비슷한 수준의 혜택을 받을 수 있었다. 그 외의 다른 동생들은 세 분 형님들이 받다가 흘린 약간의 기대와 세 분 형님들이 누리다가 떨어뜨린 소금의 은총을 부스러기처럼 나눠 갖는 것에 만족해야만 했다. 그나마 그 아래에도 서열이 있었기에 층층시하를 거치다 보면 열 번째인 나에게는 아예 기회조차 주어지지 않았다.

"홍원아, 여기 와서 다리 쪼매 주물러 보거라."

이런 건 내 담당이었다. 아버지가 안방에 누워 다리 주무르라고 나를 부르시면 지체 없이 달려가 아버지 다리와 씨름을 해야 했다. 손목이 아프고 힘이 들어도 아버지가 그만하라고 하시기 전에는 멈출 수가 없었다. 아버지는 집안에서 제왕 같은 존재였고 그만큼 어려웠다.

서럽거나 원망스럽지는 않았다. 나는 부모님의 명령에는 절대 복종해야 하는 게 당연하다고 생각했다. 학교 진학도 서열이 있기는 마찬가지였다. 큰형님은 자신이 가고 싶은 학교를 갈 수 있는 여건이었고 둘째, 셋째형님 역시 대학에 진학하는데 큰 어려움이 없었다. 반면 누님들은 교육의 기회를 얻지 못했다. 남존여비 관념이 철저했던 때라 대부분의 딸들에게는 의무교육 외에 더 이상 교육의 기회가 주어지지 않았다. 공부는 형님들의 몫이었다. 아버지는 형님들 중에 판검사 같은 사람이 나와 집안을 크게 일으켜 주길 바라셨던 것 같다. 끼니 걱정할 정도는 아니었지만 시골 마을의 소농일 뿐이었으니 당대에 아들들로 인해 내로라하는 행세를 하고 싶으셨는지도 모른다. 적어도 첫째, 둘째, 셋째형님 중에 아버지의 기대를 충족시켜 줄 아들이 나와야 했다.

그러나 상황은 여의치 않았다. 아버지의 기대를 한 몸에 받았던 큰형님은 한량 기질이 있어 대학도 가지 않은 채 부산에서 취직해 따로 살면서 동생들 건사조차 버거울 정도였다. 둘째형님은 성실하고 책임감이 강했지만 아버지가 바라는 입신양명의 길을 걷진 않았다. 아버지의 관심은 셋째형님에게 쏠렸다. 셋째형님은 6·25전쟁 당시 부산으로 피난 내려온 연세대 법대에 들어갔다. 아버지는 그때서야 희망이 보인 듯 안심하셨다. 셋째형님은 아버지의 전폭적인 지원 속에 고시공부에 돌입했다. 사법시험에 합격만 한다면 셋째형님은 집안의 영웅으로 등극할 수 있었다. 첫 번째 응시에서 불합격 통보를 받았을 때만 해도 아버지는 그러려니 했다. 그 어려운 시험에 한 번에 덜컥 붙을 수야 있나, 첫술에 배부를 수야 없지, 이렇게 위안하며 뭐가 부족한 게 없는지 챙겨 주지 못해 전전긍긍이었다.

하지만 두 번째 낙방의 고배를 마시고는 고시공부를 포기해 버리자 아버지의 기대와 희망은 일순 절망과 자포자기로 바뀌고 말았다. 셋째

1.
내 삶의 무게는 내가 만드는 것이다

형님은 두 번이나 사법시험에 실패하자 아버지 뵐 면목이 없다며 스스로 고시공부를 그만둔 다음 마산고등학교 영어 교사로 사회생활을 시작했던 것이다.

"공부시켜 봐야 다 소용없다. 쎄빠지게 뒷바라지해 줘도 아무것도 아인기라. 대학 나와 별 볼일 없는 놈들보다 공부는 못했지만 산에 가 나무도 해오고, 지게도 잘 지고, 애비 방에 따뜻하게 불 때주는 놈들이 더 효자 아이가?"

아버지는 형님들 대학 공부 시킨 것을 못마땅하게 여기며 틈만 나면 집안 걱정을 하셨다. 아버지가 교육 무용론자가 된 것은 그때부터였다. 불똥은 내 바로 위인 넷째형님에게 먼저 떨어졌다. 부산에서 고등학교를 졸업하자마자 십으로 불러들여 집안일을 하게 한 것이다.

셋째형님과 아버지가 사법시험 문제로 다소 불편한 관계였던 반면 나는 셋째형님과 가장 가까운 사이였다. 형님들 중 내게 가장 살갑게 대해 준 사람이 셋째형님이었기 때문이다.

"홍원아, 이 분의 일을 줄까? 아니면 백 분의 일을 줄까?"

"백 분의 일 주이소!"

어렸을 적에 추운 겨울 출출할 때 먹는 최고의 간식은 고구마나 무를 깎아 먹는 거였다. 셋째형님이 고구마나 무를 가져다 깎아 먹으려는 순간 내가 다가가 조금만 달라고 하면 형님은 늘 내게 이렇게 묻곤 했다. 어린 나는 무조건 숫자가 크면 좋은 줄 알고 이 분의 일이 아닌 백 분의 일을 달라고 졸랐다. 그러면 형님은 끝부분을 조금 잘라 백 분의 일은 이것만큼이라고 하면서 내게 건네주었다. 내가 이게 뭐냐고 울

것처럼 더 달라며 떼를 쓰면 문 밖에 있다가 "꾸나"라고 할 때 들어오라고 했다. 잔뜩 기대를 하고 문 밖에 서 있으면 형님은 문을 활짝 열면서 이렇게 외쳤다.

"다 먹었꾸나! 푸핫핫핫!"

그러면 나는 결국 울음을 터뜨렸고, 형님은 금방 새 것을 가져다 깎아 주며 나를 달랬다. 엄한 아버지와 나이 차가 많았던 큰형님에 비해 셋째형님은 정이 많고 격의 없는 분이었다.

금오산을 뛰어오르고
섬진강 바람을 맞으며

인성의 기본은 온화하고 넉넉한 성품이다

오랜 세월이 흘렀지만 요즘도 경상남도 하동군 금남면 대송리 내 고향에 가면 산자락에 둘러싸인 고즈넉한 마을 전경이 한없이 너그럽기만 하다. 코흘리개 시절 그토록 넓어 보이던 논밭자락이 이제는 학교 운동장처럼 한눈에 들어온다. 마을에 큰 소나무들이 있어 '대송大松'이라 불리게 되었다고 한다. 다른 말로는 '대송개'라고도 했는데, '개'는 포구를 뜻한다. 왼쪽 화개면 방향으로는 전라북도 진안군 백운면과 장수군 장수읍의 경계인 팔공산에서 발원해 지리산 기슭을 지나 남해 광양만으로 유입되는 섬진강이 휘돌아 흐르고, 뒤쪽에는 해맞이 전망대에 올라 바라보면 남쪽 바다를 핏빛으로 물들이며 솟아오르는 일출의 위용과 쪽빛 물결의 눈부심이 탄성을 자아내는 875미터 높이의 금오산이 병풍처럼 둘러쳐 있다.

금오산 줄기가 남서쪽으로 바다를 향해 팔을 벌리듯 뻗어 내린 산지 사이에 기다란 평지가 형성되어 있는데, 일찍이 이곳에 진양정씨晉陽鄭氏 집성촌이 자리를 잡았다. 본래 진주에 살던 조상들이 임진왜란이 일어나자 하동으로 피난을 떠나 대송리에 터를 잡고 살았다고 한다. 그중 한 어른은 무관으로 임진왜란에 참전해 크게 활약하셨다고 전한다. 마을 한복판에는 금오산 골짜기에서 솟아난 작은 물줄기들이 시내를 이루어 황금 들녘을 지나 남해로 흘러든다. 2011년 기준으로 150여 가구에 300여 명의 주민들이 살고 있었으니 지금은 조금 더 줄어들었을 것이다. 가구당 주민이 두어 명에 불과하다는 건 노부부들만 남아 있다는 증거라 여겨져 마음 한구석이 허전하다. 고향에서 어린 시절을 보낼 때만 해도 집집마다 아이들이 넘쳐났고, 마을마다 철부지들 우는 소리와 떠드는 소리에 해만 뜨면 시끌벅적했다.

"와, 여가 산딸기 천지다. 빨리 와서 실컷 따묵어라."

"어데? 우와, 정말 엄청나네. 잘 익었나?"

부산에서 공부하다 방학을 맞아 모처럼 고향에 가면 친구들과 어울려 들로 산으로 뛰어다니며 개암이나 산딸기를 따먹기도 하고, 메뚜기를 잡아 구워 먹기도 하면서 놀았다. 금오산에는 고려 때 왜구를 막기 위해 축성했다는 산성 터와 임진왜란과 정유재란 때 혁혁한 공을 세운 정기룡 장군의 사당, 퇴적층 지대 끝에 자리한 석굴암을 비롯해 전쟁 등 위급한 상황이 벌어졌을 때 사용하던 봉화 터와 봉수대 등이 남아 있었다. 사내아이들이 전쟁놀이를 벌이기에는 최적의 공간이었던 셈이다. 정상 바로 아래에 있는 달처럼 생긴 바위에서 바라보는 풍경이 제일 장관이었다. 어린 가슴에도 뭔가 뭉클하고 올라오는 게 있었다.

1.
내 삶의 무게는 내가 만드는 것이다

"야, 니 저 바다 이름이 뭔지 아나?"

"그것도 모를 줄 알았나? 남해 아이가, 남해?"

"남해는 남쪽 바다 전체를 말하는 기고, 저기 보이는 앞바다 이름이 뭐냐 이기다."

"거 이름이 따로 있나? 잘 모르겠는데?"

"노량이라 카는 기다. 노량, 알겠냐?"

"노량? 처음 듣는데? 노량이라… 니는 우째 알았노?"

"공부 좀 해라. 임진왜란 때 이순신 장군이 도망치는 왜놈들을 무찌르다가 총에 맞아 고마 돌아가신 데가 저그 노량 앞바다인기라. 그 전투가 바로 노량해전이고. 인자 알겠나?"

그때는 내가 태어나 살았던 마을이 민족의 영웅인 이순신 장군이 마지막 전투를 벌이다 돌아가신 바다 근저라는 게 왠시 슬프기도 하면서 마냥 자랑스럽기도 했다. 노량露梁은 예로부터 하동군 금남면과 남해군 설천면 사이를 잇는 나루터로 발달한 곳이다. 내가 어렸을 때만 해도 다리가 없었지만 1973년 660미터 길이의 대교가 놓임으로써 남해도는 육지와 연결되었다. 그 대교가 놓여 있는 일대가 바로 노량이다. 정유재란 막바지인 1598년 11월 19일 조선 수군을 이끌던 이순신 장군이 명나라 제독 진린과 함께 본국으로 퇴각하려는 왜적들을 필사적으로 뒤쫓다가 그만 적의 유탄에 맞아 장렬하게 전사한 곳이다. 이로써 7년 동안이나 계속된 처참하고 잔혹했던 전쟁이 노량 앞바다에서 끝나게 되었다.

우리 집에는 아주 특별한 것이 있었다. 부모님이 사용하시는 안채의 대청마루 아래 축담 바로 밑에 우물이 있었던 것이다. 축담은 건축물을 세우기 위해 터를 잡고 돌로 쌓은 지대 또는 마당에서 마루에 오르기 편하도록 돌로 만든 계단을 가리키는 경상남도 방언이다. 대개 다른 집은 마당 한쪽에 우물이 있거나 뒤란 근처에 우물이 있는 게 보통이었다. 그런데 우리 집에는 대청마루에서 바로 내려다보이는 축담 밑에 우물이 있었다. 깊이가 대략 50센티미터 정도였고, 넓이가 1미터 가량이었다. 희한한 것은 물맛이었다. 겨울에는 따뜻하고 여름에는 시원한 게 더없이 맛있는 물이었다. 여름철 장마가 와서 사방에 물이 넘쳐도 우물 안에는 흙탕물이 고이지 않았다. 가뭄이 들어 논에 물이 마를 적에도 우리 집 우물은 마른 적이 없었다. 우물 안은 사시사철 언제나 맑고 투명했다. 소문이 나다 보니 우리 집에는 우물 구경을 하러 오는 사람들도 있었다. 풍수지리를 연구하는 사람들도 심심치 않게 우리 집을 들락거렸다.

생각해 보면 나는 물과 꽤 깊은 인연이 있었던 것 같다. 마을 앞 먼 발치에는 이순신 장군의 마지막 모습을 간직한 채 도도히 흘러가는 노량해협이 있었고, 옆으로는 은빛으로 반짝이며 수많은 시를 탄생시킨 섬진강이 가로지르고 있었으며, 집 안 축담 밑에는 한시도 마를 날 없던 해맑은 우물이 자리하고 있었으니 말이다. 나는 노량을 바라보며 미래를 그렸고, 섬진강 바람을 맞으며 감수성을 키웠으며, 축담 밑 우물물을 마시며 건강한 체력을 다졌다. 그러고 보니 나를 키운 건 팔 할이 물이었던 것 같다. 주변 환경을 사람이 조성하는 것 같지만 그 환경에 의해 다시 사람이 길러지는 법이다. 내가 어려운 일이 닥쳐도 결코 희망의 끈을 놓지 않고, 고통스러운 일을 겪어도 끝까지 참고 견디며, 어

1.
내 삶의 무게는 내가 만드는 것이다

떠한 상황 속에서도 넉넉한 마음을 잃지 않는 기질을 갖게 된 것은 이와 같은 환경 속에서 자라났기 때문일 것이다.

지금까지 살면서 불같은 기질을 가진 사람들을 많이 만났다. 깊이 고민하지 않고 순간적인 감정에 따라 버럭 화를 내거나 막말을 쏟아내거나 자리를 박차고 나가는 사람들이 있다. 당장은 분을 다 풀어낸 것 같아 속이 시원하고 멋있게 보일지 몰라도 머지않아 너무 경솔했다는 후회가 밀려들게 마련이다. 그런 성품을 가진 사람들은 결국 일을 그르치든가 누군가에게 상처를 주든가 조직에 누를 끼치든가 하는 경우가 많았다.

노자의 《도덕경》에 보면 '상선약수上善若水'라는 구절이 나온다. 물은 만물을 이롭게 하면서도 결코 다투지 않기에 이 세상에서 으뜸가는 선의 표본이라는 뜻이다. 물은 보는 것을 샛너미로 만들지만 물은 바짝 마른 땅에서도 생명의 싹을 틔운다. 그런 의미에서 나는 우리 사회에 불같은 기질을 가진 사람보다는 물 같은 기질을 가진 사람들이 많아졌으면 하는 바람이다.

천신만고 끝에
진주사범학교에 들어가다

길 끝에 무엇이 있는지는 걸어가 본 사람만이 안다

"내 이놈의 자식, 그 새를 못 참고 내빼다니. 이놈을 다시는 안 받아 줄끼다."

아버지 성화에 못 이겨 집으로 돌아와 시키는 일을 하며 지내던 내 바로 위의 넷째형님이 견디다 못해 몰래 집을 나가고 말았다. 고등학교까지 수학한 부산으로 가서 혼자 힘으로 공부를 계속하겠다는 게 가출의 이유였다. 매일 산에 올라 나무를 하고, 논일 밭일을 거드느라 무거운 지게를 수십 번씩 져야 했으니 버텨 내기가 어려웠을 것이다. 힘든 일을 별로 해본 적도 없는 사람에게 갑자기 머슴처럼 온종일 고된 일을 시키니 도망가는 것 외에는 길이 없었을 법도 하다. 넷째형님의 도주로 형님들에 대한 아버지의 실망과 타박은 절정에 달했다. 자식들에 대한 기대가 남달랐던 아버지 심정을 잘 알고 있는 나로서는 형님

1.
내 삶의 무게는 내가 만드는 것이다

들을 두둔할 처지가 못 되었다. 그리고 나서 넷째형님 다음으로 표적이 된 건 바로 나였다.

"마음 단디 묵고 시험 잘 보거라."

"예, 알았어요."

입학시험을 치르는 날이 되었다. 진주사범학교에 입학원서를 접수한 이후 나는 진주에 있는 친척집에 머물고 있었다. 시험 준비도 하면서 마음도 좀 추스르기 위해서였다. 운명처럼 날아가 버린 마산고등학교 입학의 꿈을 달래는 데도 시간이 필요했다.

"사범학교 아무나 가는 기 아이다. 공부 억수로 잘해야 겨우 들어갈 수 있는 거라더라."

"두말하면 잔소리지. 학교 선생님 아무나 허나? 얼라들 가르치는 일이 쉽나 어데?"

친척 어른들은 틈만 나면 나를 추켜세우며 사범학교 입학에 대해 긍지와 자부심을 심어 주기 위해 노력했다. 당시로서는 어설프게 대학을 가는 것보다 공고나 상고를 나와 취직을 하거나 사범학교를 나와 교사가 되는 게 더 현명한 선택이라 여기는 사람들이 많았다. 그래서 사범학교 등 특수학교에 우수한 인재들이 많이 몰려들었다. 시험장 분위기는 후끈거렸지만 시험 문제가 어렵지는 않았다.

좋은 성적으로 합격이 되었다. 친척 어른들은 제 자식 일처럼 뛸 듯이 기뻐했고, 아버지는 별다른 말씀 없이 내색을 하지 않으셨지만, 나는 비로소 모든 게 다 끝난 것처럼 무상무념일 따름이었다.

진주사범학교는 일제강점기인 1940년 4월 조선총독부의 사범학교 규정에 따라 관립으로 설치되어 초등교원을 양성하게 되었다. 6·25전쟁이 발발하기 얼마 전인 1950년 4월 공립에서 국립으로 전환되었고, 1963년 3월부터는 교육법 개정에 따라 고등학교 졸업자를 대상으로 하는 2년제 진주교육대학으로 개편되었다. 그러다가 1983년에 이르러 초등교원의 자질향상을 위해 4년제 대학으로 승격했으며, 1993년부터 진주교육대학교로 교명이 변경되었다. 나는 1960년 3월 진주사범학교에 19회로 입학을 했다. 내가 다닐 때는 고등학교 과정이었다. 그러니까 3년 과정을 무사히 마치고 선생님이 되면 초임 교사 나이가 스무 살 남짓에 불과했다.

지난 1999년에 개봉했던 〈내 마음의 풍금〉이라는 영화가 있다. 이영재 감독이 메가폰을 잡은 이 영화에서 이병헌은 잘생긴 총각 선생님 수하 역을, 전도연은 조숙한 늦깎이 국민학생 홍연 역을, 이미연은 어여쁜 처녀 선생님 은희 역을 맡아 뛰어난 연기를 선보였다. 1997년 말부터 한국을 강타한 IMF 구제금융 사태로 인해 온 국민이 우울하고 힘든 시간을 보내고 있을 때 이 영화는 그보다 더 어렵던 시절에도 잃어버리지 않았던 풋풋한 꿈과 낭만과 사랑을 진솔하게 보여 줌으로써 많은 국민들로부터 뜨거운 호응을 받았다. 영화는 1960년대 강원도 산속 마을 산리에 있는 작은 초등학교로 부임해 온 젊은 남자 교사와 첫 만남부터 선생님을 흠모하게 된 여제자의 아름다운 사랑을 잔잔하고 애틋하게 그리고 있다.

같은 날 도시에서 산골 학교로 부임해 온 강수하와 양은희는 음악을 매개로 가까워진다. 오매불망 강수하를 마음에 둔 윤홍연은 두 선생님 사이를 갈라놓기 위해 무진 애를 쓰지만 강수하의 눈길은 양은희에게만 머문다. 사범학교를 졸업하고 처음 교단에 선 스물한 살의 남자 선

1.
내 삶의 무게는 내가 만드는 것이다

생님과 당시로선 혼기가 꽉 찬 스물다섯 살 여자 선생님, 그리고 고등학교에 다닐 나이인 열일곱 살에 동생을 업고 초등학교에 다니는 여학생 사이에 밀고 당기는 묘한 삼각관계가 펼쳐진다. 기차 안에서 먹는 삶은 달걀과 사이다. 부뚜막에 걸린 커다란 가마솥, 야트막한 초가지붕과 있으나 마나한 싸리울, '기찻길 옆 오막살이'를 합창하며 고무줄놀이에 여념이 없는 아이들, 학생들 용모 검사를 하고 몸에 소독약을 뿌리는 광경…. 지금부터 50여 년 전 시골 학교에서 벌어졌던 아득한 추억들이 두 시간 넘게 스크린 가득 넘쳐난다.

영화를 보는 내내 나는 처연한 그리움에 깊이 빠져들었다. 내가 진주사범학교를 다니던 시절이 엊그제 일처럼 떠올랐기 때문이다. 학교를 졸업하고 처음으로 교사 발령을 받아 부임했을 때 내 모습이나 마음가짐은 영화 속 강수하와 그다지 다르지 않았다. 내가 가르쳐야 할 아이들과 환경의 차이도 있는데다 모든 것이 낯설고 서툴기만 했다. 영화와 다른 게 있다면 내가 부임한 학교에는 양은희 선생님과 윤홍연 학생이 없었다는 것뿐이다.

총리에서 퇴임한 나는 2015년 6월 25일 참으로 오랜만에 모교인 진주교육대학교를 찾았다. 학생들이 요긴하게 사용하게 될 교육학술정보센터 기공식에 참석해 관계자들을 격려한 다음 재학생들 앞에서 '청춘의 특권'이라는 주제를 가지고 강연을 했다. 학생들을 대상으로 한 강연이었음에도 인근 지역 선후배들까지 참석해 강당 안은 열기가 넘쳤다. 아들보다 훨씬 어린 젊은 후배들 앞에 서니 옛 생각이 더욱 또렷해졌다.

"저는 오래전에 진주교육대학교의 전신인 진주사범학교를 졸업했습니다. 이곳에서 쌓았던 인성과 닦았던 전인교육으로 인해 저는 비로소 폭넓은 식견을 갖출 수 있었습니다. 그 시절이 제 인생에 큰 밑거름이 되었음을 살아가면서 절실히 느끼곤 했습니다. 아울러 사범학교 시절에 배웠던 교양과 지식은 저에게 따뜻한 검사, 정도를 걷는 총리로의 목표를 갖게 했습니다. 특히 검사 생활을 하는 동안 잘못한 사람을 처벌하기보다는 어떻게든 개과천선을 시켜 보려고 노력했는데, 이제 와 돌이켜보면 그것이 가장 자랑스러운 기억으로 남습니다."

초롱초롱한 눈빛으로 대선배의 말을 경청하는 후배들을 보니 마음이 편안하고 따뜻했다. 내가 저들과 같은 자리에 앉아 있던 게 50년도 더 전의 일이라는 게 실감이 나질 않았다.

"청춘이란 생의 어느 한 시기를 말하는 것이 아닙니다. 다부진 의지와 풍부한 상상력, 그리고 타오르는 정열을 가졌다면 누구나 청춘인 것이고, 그렇지 않다면 너 나 없이 늙은이라는 말입니다. 여러분은 20대와 30대 젊은이들입니다. 인생의 황금기인 청춘이지요. 그러나 아무런 꿈도 희망도 없이 그냥 주저앉아 버린다면 여러분은 노쇠한 사람일 뿐입니다. 100세 시대인 지금은 옛날에 비해 꿈과 이상을 실현할 기회가 아주 많습니다. 치열하지만 블루오션도 끊임없이 생겨날 것입니다. 설레는 마음과 뜨거운 가슴으로 꿈과 희망을 키워 가야 합니다. 그것은 청춘의 특권이면서 동시에 의무이기도 합니다. 청춘의 피가 뜨겁게 끓는다면 그 뜨거운 피의 주인공답게 모험과 도전을 두려워하지 않는 청춘으로 살아야 합니다."

풋풋한 햇과일처럼 싱그럽던 친구들이 백발의 모습들이 되었지만

1.
내 삶의 무게는 내가 만드는 것이다

교정에서 다시 만난 우리는 다시 청춘의 시절로 돌아갔다. 청춘은 빈 그릇이다. 무엇이든 담을 수 있는 가능성이다. 길 끝에 무엇이 있는지는 끝까지 걸어가 본 사람만이 알 수 있다. 김해 버스 정류장에서 내가 가야 할 길이 갈렸듯이 진주사범학교에 입학했을 때 내 앞에 어떤 길이 펼쳐질지 그때로선 알 수가 없었다. 나는 한 발 두 발 힘겨운 발걸음을 뚜벅뚜벅 내딛을 뿐이었다.

내게 숙명과도 같았던
홀로서기

고난과 시련이 나를 강철처럼 연단시켰다

요즘 말로 하자면 할아버지에겐 기업인다운 기질이 있으셨던 것 같다. 작으나마 논밭을 마련하는 등 경제적 토대를 갖추셨으니 말이다. 그런데 아버지는 그렇지 않았다. 오로지 할아버지가 일구신 농토에서 생산되는 소출에만 의지해 가정 경제를 이끌어 가셨다. 물려받은 토지를 상실하거나 훼손시키지 않으려고만 했을 뿐 다른 생산 기반을 마련하거나 경쟁력 있는 소득원을 만들어 내는 데는 신경을 쓰지 못했다. 그러다 보니 열두 명이나 되는 자식들을 먹이고 입히며 가르치는 일이 녹록치 않았다. 나는 어린 시절 이런 부모님 모습을 지켜보며 집안 사정이 굉장히 안 좋은 것으로 인식하면서 부모형제들에게 신세지거나 부담 주는 걸 꺼리게 되었고, 모든 일을 혼자 알아서 하는 게 체질화되어 버렸다.

1.
내 삶의 무게는 내가 만드는 것이다

　나는 초등학교에 들어갈 무렵부터 형님들이 있는 부산으로 가서 살았다. 아버지는 추수철 타작을 마치고 헛간에 곡식을 들여놓으면 부산에 있는 아들들이 먹을 수 있도록 틈틈이 쌀을 보내 주셨다. 그런데 그 심부름을 어린 나를 시켰다. 나는 집 근처 노량항에서부터 부산항까지 아버지가 주신 쌀가마니를 운반하는 책임을 맡았다. 아버지가 사람을 시켜 배에 쌀을 실어 주시면 부산 항구에 배가 도착했을 때 쌀가마니를 찾아 무사히 부둣가에 안착시키는 일이었다. 그러면 가족 중 한 사람이 미리 대기하고 있다가 짐꾼을 시켜 쌀가마니를 집으로 운반했다. 나는 이 힘든 일을 왜 어린 내게 시키느냐며 반문하거나 힘들어서 못하겠다고 투정을 부리지 않았다. 아버지와 형님들이 시키는 일이라면 군말 없이 무조건 순종해야 한다고 생각했다.

　이상한 건 누구도 내게 뱃삯을 주지 않았다는 사실이다. 아버지는 짐꾼을 시켜 배에 쌀만 실어 주셨고, 형님들은 내가 가져온 쌀만 가져갔을 뿐 어디서도 뱃삯은 나오지 않았다. 지금 생각해 보면 주지 않은 사람들만 이상한 게 아니라 달라고 하지 않은 나도 이상하게 생각되어진다. 키가 작아 너무 어리게 보였기에 뱃삯을 받는 선원이 그냥 통과시켜 주기도 했고, 깐깐한 선원에게 걸리면 돈이 없다며 통사정하기도 했다. 아마 이때부터였던 것 같다. 어린 나이에도 불구하고 생계를 위해서라면 노량에서 부산까지 혼자 쌀가마니를 날라야 한다는 현실, 아무도 뱃삯을 주지 않더라도 나는 배를 타고 가서 부둣가에 쌀가마니를 안전하게 내려놓아야만 한다는 사실, 그 앞에서 나는 산다는 건 내 힘으로 헤쳐 나가야 할 긴 항해와 같다는 걸 몸에 새긴 것이다.

　내가 초등학교를 다니던 시절에도 집안이 넉넉한 아이들은 과외 공부를 많이 했다. 하지만 나는 그럴 형편이 아니었다. 과외 공부는커녕 매달 학교에 내야 할 월사금도 내지 않고 다녔다. 4, 5, 6학년 3년 동안 내 학급 담임을 맡은 분이 집안 친척이었다. 그분의 배려로 월사금을 면제받는 대신 조교 노릇을 했다. 공부가 끝나면 혼자 학교에 남아 칠판에 선생님이 주신 자습문제를 빼곡히 써놓고 하교를 했다. 다음날 아침 아이들은 내가 적어 놓은 자습문제를 풀면서 공부를 시작했다. 문제를 다 풀면 내가 앞에 나가 정답을 불러 줬다. 친구들은 돈을 내면서 공부를 했지만 나는 그때부터 벌써 돈을 벌면서 공부를 한 셈이다.

중학교를 다닐 때는 부산대학교를 졸업하고 해병대에 장교로 입대한 둘째형님의 보살핌을 많이 받았다. 둘째형님은 해병대에서 중령으로 전역을 했는데, 진해에서 복무하는 동안 얼마 되지 않는 군인 월급에서 일부를 떼어 꾸준히 내 학비를 대주었다. 그러다가 큰형님이 부산을 떠나고 둘째형님도 전근하면서 지원이 끊기게 되자 나는 졸지에 노숙을 해야 할 지경이 되고 말았다. 아버지에게서 도망 나와 아이들 과외 공부를 시키며 함께 생활하던 넷째형님과 나는 간신히 형님 친구 집을 전전하며 지내야 했다. 때로는 방 한 칸에 세 식구가 사는 누님 친구 집에 가서 기거하며 눈칫밥을 먹기도 했다. 하루는 견딜 수가 없어 담임선생님께 부탁을 드렸다.

"저기 선생님… 지가 공부도 가르쳐 주면서 묵고 자고 할 만한 친구 집 좀 소개해 주이소."

선생님의 소개로 한 친구 집에서 생활하게 되었다. 친구 부모님의 배려로 학업이 부진한 친구의 공부를 도와주면서 숙식을 해결하게 된 것이다. 나는 2층 다락방을 쓰게 되었고, 바로 밑에는 부엌이 있었다.

1.
내 삶의 무게는 내가 만드는 것이다

그렇게 몇 달이 지났다. 점점 날이 추워지면서 부엌 아궁이에 연탄을 지피기 시작했다. 어느 날 아침 학교를 가기 위해 일어나려 했지만 몸이 말을 듣지 않았다. 온몸이 꼬이면서 정신을 잃고 쓰러졌다. 연탄가스를 마신 거였다. 다행히 일찍 발견되어 목숨을 구할 수 있었다. 객사할 수도 있던 아찔한 순간이었다. 그때도 나는 이 사실을 집에 알리지 않았다. 짐이 되기 싫었기 때문이다. 얼마 후 나는 다른 친구의 집으로 거처를 옮겼다. 그렇게 세 친구의 집을 더 옮겨 다닌 끝에 가까스로 중학교를 졸업할 수 있었다.

진주사범학교는 국립이라 학비를 내지 않았다. 뿐만 아니라 학생들에게 매달 장학금까지 지급되었다. 중학교를 워낙 어렵게 다녔던 터라 믿어지지 않을 만큼 기쁜 일이었다. 하지만 혼자 힘으로 숙식을 해결하고 생활비와 학비를 마련하는 일은 여전한 숙제였다. 처음 한 달 동안은 쌀 두 말을 내고 친척 집에 기거했지만 그 이후에는 입주 과외를 하며 지냈다. 숙식을 제공받는 대신 그 집 초등학생 아이들을 가르치는 일이었다. 처음 입주 과외를 했던 집은 자그마한 여관을 하는 집이었다. 내가 아이를 가르치고 있으면 주인집 아주머니는 마루에 나와 일하는 척하면서 힐끔거리며 지켜봤다. 잘 가르치나 어쩌나 감시하는 것 같았다. 하루는 아이가 없기에 주인집에 있던 자전거를 타고 동네 한 바퀴를 돌다가 들어왔다. 당시 내 나이 열일곱 살밖에 안 된 소년이었으니 얼마나 놀고 싶고 자전거도 타고 싶었겠는가? 그러나 나는 그 일로 주인아저씨에게 치도곤을 당한 채 쫓겨나고야 말았다.

두 번째 집은 아이가 둘이었다. 나는 두 아이에게 공부를 가르치며 그 집에서 2년 가까이 지냈다. 첫 번째 집과 달리 주인 부부도 나를 살갑게 대해 주었고 아이들도 잘 따랐다. 나는 그렇게 두 집에서 입주 과외 교사를 하면서 집안의 도움 없이 진주사범학교를 다닐 수 있었다.

되돌아보면 내가 그때 왜 그렇게 미련하게 혼자 고생을 하며 살았을까 하는 생각도 든다. 아버지께 용기 있게 말씀드리고 도움을 구했더라면, 아니 아버지가 어려우면 어머니께라도 떼를 썼더라면 조금이라도 덜 힘들게 학교를 다닐 수 있지 않았을까 싶다. 세상에 어느 부모가 자식이 죽겠다는데 그냥 두고 볼 사람이 있겠는가? 부모님이 그렇게 부담스러우면 피붙이인 형님들에게라도 손을 벌려 볼 수 있었을 텐데…. 그렇지만 그때 나는 집안 형편이 극히 어려운데다 형님들 누님들도 모두 제대로 생활력을 갖지 못하여 저마다 어려운 사정들이 있는데, 나까지 피해를 줘서는 안 된다는 생각이 너무도 강했다. 나 스스로 알아서 야생성을 기르며 강해진 것이다. 그것이 나를 단련시켰다. 특히 돈 들이지 않고도 책을 마음껏 읽고 싶은 욕심에 교내 도서실에서 도서반원으로 특별활동을 하면서 읽었던 수많은 서적은 내 인생의 중요한 자양분이 되었다. 이렇듯 진주사범학교 3년의 시간은 어린 나를 어른으로 우뚝 세워 주었다.

그렇다고 어려운 일만 이어진 건 아니었다. 전쟁 중에도 사랑은 이루어진다고 하던가. 입주 과외를 시작하기 전 하숙 생활을 잠깐 했을 때였다. 같은 하숙집에 진해에서 진주로 유학을 온 여학생 한 명이 살고 있었다. 노래를 좋아하는 여학생이었다. 특히 노르웨이의 작곡가 그리그가 만든 가곡인 '솔베이지의 노래'를 좋아했다. 방랑의 길을 떠난 주인공 페르가 돌아오기를 애타게 기다리는 솔베이지의 영원한 사랑을

1.
내 삶의 무게는 내가 만드는 것이다

노래한 곡이었다. 나는 그 여학생과 가깝게 지내며 많은 이야기를 나누었다. 돌이켜 보면 그 시절 유일한 위안이었던 그 여학생에게 첫 연정을 느꼈던 것 같다. 그때 그녀가 불렀던 노래처럼 고난과 시련 속에서도 그 겨울이 지나 또 봄은 가고 또 봄은 가고, 그 여름날이 가면 더 세월이 가고 세월이 갔다.

"스승이 되기 전에
먼저 참된 사람이 되자"

사범학교는 나를 붙잡아 줄 좌우명을 심어 주었다

　　　　진주사범학교 정문을 지나 50미터쯤 걸어 들어가면 큼지막한 글자가 새겨진 커다란 돌 하나가 나타났다. 처음엔 그저 무심코 이 앞을 지나쳤는데, 학교생활에 적응하고 친구들도 사귀게 되자 검정색 글자가 눈에 들어왔고, 그 의미가 점점 더 크게 가슴에 와닿았다.

"스승이 되기 전에 먼저 참된 사람이 되자."

　학교 안에 세워진 비석 안의 이 경구 한 마디가 나를 사로잡았다. 큰 이변이 없는 한 학교를 졸업하면 나는 교사가 되어 학생들을 가르치게 될 것이다. 그때로서는 교사만큼 안정적인 직업도 없었다. 당시만 해도 스승의 그림자도 밟지 않는다는 말이 허언이 아닐 정도로 교사는 사회적으로 존경받고 신뢰받는 위치였다. 그렇게 펼쳐질 현실에 안주하며 적당히 살다 보면 나도 결혼하고, 아이도 낳고, 중년이 되어 늙어 갈

1.
내 삶의 무게는 내가 만드는 것이다

터였다. 어른이 된다는 것, 가장이 된다는 것은 그런 거라고 생각했다. 그래서 나는 누구보다 열심히 공부할 생각이었다.

그런데 '스승'보다 '사람'이 먼저라니. 그것도 '참된 사람'이 되라니. 이건 무슨 말인가, 이게 대체 무슨 뜻인가, 참된 사람이 되려면 어떻게 살아야 하는 건가, 이런 생각들이 꼬리에 꼬리를 물었다. 명료한 해답을 찾은 건 아니었지만 이때부터 나는 교사가 되기 위해 무엇을 할 것인가를 생각하기보다는 참된 사람이 되기 위해 어떻게 할 것인가를 먼저 생각하고 행동했다. 매일 아침 학교 정문을 지나면 엄숙한 심정으로 비석 안의 경구를 따라 읽었다.

"스승이 되기 전에 먼저 참된 사람이 되자."

나 스스로 찾아낸 참된 사람이 되는 길은 두 가지였다. 하나는 따뜻한 사람이 되는 것이었다. 내 가족과 친구들과 선생님들은 물론 내가 만나는 모든 사람들에게 내가 따뜻한 사람으로 기억된다면 내 존재가 참된 사람에 더 가까워질 거라고 생각했다. 세상을 긍정적 시각으로 바라보고 매사에 열정을 다하면서 가슴으로 사람들을 대하면 나의 진정성이 상대방에게 전달되리라 믿었다. 세상과 사람들의 온정으로 내가 따뜻해지는 게 아니라 내가 먼저 온기 있는 사람이 되어 나의 온정으로 세상과 사람들을 따뜻하게 만드는 게 정도라고 여겼다.

또 하나는 한 가지에만 관심을 두거나 하나만 잘하는 사람이 아니라 체육이나 미술이나 음악 등 다방면에 걸쳐 호기심을 가지고 배우는 사람이 되는 것이었다. 세상과 사람들을 두루 이해하고 포용하려면 공부는 물론 다양한 분야의 특기를 익히고 즐기는 것이 중요하다고 생각했다. 이는 사범학교의 전인교육이라는 교육방침과도 일맥상

통하는 것이었다. 그런 의미에서 한창 감수성이 예민한 시기에 사범학교에 들어가 교육을 받게 된 것은 행운이라고 할 수 있었다. 나는 선생님이 되기 위해 하는 수 없이 풍금을 치고 그림을 그린 게 아니라 정말 내가 좋아서 틈만 나면 풍금을 치며 노래를 부르고 붓글씨 쓰기에 몰두하기도 했다.

사범학교에서 배우는 모든 교과목의 비중은 똑같았다. 국어, 영어, 수학뿐만 아니라 음악, 미술, 체육 등도 모두 100점씩 배점이 동일했다. 나는 우리 교육의 방향이 당시 사범학교처럼 전인교육에 충실해야 한다고 생각한다. 이스라엘 부모와 한국 부모의 교육관을 비교하는 이야기가 있다. 아이들이 학교에서 돌아오면 우리나라 부모들은 이렇게 묻는 것이 보통이다.

"너 오늘 학교 가서 뭘 배웠니?"

반면 이스라엘 부모는 이렇게 묻는다는 것이다.

"너 오늘 학교에서 무슨 질문을 했니?"

한국의 주입식 교육과 이스라엘의 창의적 교육의 일면을 엿볼 수 있는 장면이다.

"60점이 뭐야, 60점이? 옆집 애는 100점이던데, 너는 왜 60점밖에 못 받은 거야?"

수학 시험에서 60점을 받아 온 아이에게 한국 엄마는 이렇게 야단치며 닦달하기 일쑤다. 이에 반해 같은 상황에 놓인 아이에게 이스라엘 엄마는 이런 식으로 차분하게 이야기한다고 한다.

"수학은 60점이지만 체육은 80점이네? 게다가 너는 미술을 잘하잖니? 그러니까 괜찮아."

1.
내 삶의 무게는 내가 만드는 것이다

과연 어떤 집 아이가 더 자신의 소질을 살려 개성 있고 창의력 있는 어른으로 성장할까?

지난 2004년 영국의 얼스터대학 리차드 린 교수와 핀란드의 헬싱키대학 반 하넬 교수가 전 세계 185개국을 상대로 '국민 평균지능IQ 지수'를 조사해서 발표한 바 있다. 1위는 홍콩이었고, 2위는 한국이었으며, 이스라엘은 45위였다. 국민들의 평균지능은 대한민국이 이스라엘보다 월등히 높았다. 하지만 약 1천4백만 명으로 세계 인구의 0.2퍼센트를 차지하고 있는 유대인들이 노벨 경제학상의 41퍼센트, 의학상의 27퍼센트, 물리학상의 25퍼센트를 수상할 동안 약 5천만 명으로 세계 인구의 0.7퍼센트를 차지하고 있는 한국인들은 순수 학문 분야의 노벨상을 단 한 차례도 수상하지 못했다. 각자의 개성을 존중하고 특기를 살려 주는 전인교육을 한 나라와 그렇지 못한 나라의 결과를 여실히 보여 주는 자료라 할 수 있다.

진주는 아름다운 고장이다. 그중에서도 나는 남강의 풍광에 흠뻑 매료되었다. 남강은 경상남도 함양군 덕유산에서 발원해 덕천강과 합류하여 흐르다가 진주에서 북동으로 물의 흐름을 바꿔 함안군에서 다시 낙동강과 합류하는 186킬로미터에 달하는 이 지역의 동맥이다. 계절에 따라 많은 수생식물들과 꽃이 피어나 언제 가도 고운 자태에 흠뻑 취하는 곳이다.

나는 겨울이면 남강에 나가 얼음을 깨고 냉수마찰을 했다. 현재 겪고 있는 시련을 이기고 견뎌 내야 한다는 각오를 다지기 위해서였다. 그러면 셋째형님 생각이 났다. 어렸을 때 방학을 맞아 고향에 가면 셋째형님이 고시공부를 하고 있었다. 밤새 공부하던 형님은 자고 있는 나를 깨워 웃통을 벗고 마을 한 바퀴를 달리게 했다. 형님과 함께 하얀 입김을 쏟아 내며 달리다 보면 동네 개들이 다 나와 짖어 댔다. 어른들이 무슨 일인가 전부 내다보곤 했다. 얼음 냉수마찰은 나를 좀더 강하게 단련시키는 중요한 역할을 했다. 군 생활을 비롯한 여러 어려운 환경에 처할 때마다 이를 극복하는 데 큰 힘이 되어 준 것이다.

어릴 적 나를 키운 건 고향의 자연이었지만 청소년기에 나를 성장시킨 건 진주의 넉넉한 품이었다. 친구들과 선생님들의 온화한 품, 진주성과 촉석루와 남강의 고즈넉한 품이 나를 따뜻한 가슴을 가진 다방면에 호기심 많은 교양인으로 자라나도록 북돋아 주었다.

뚜렷한 가치관과 분명한 목표를 가지고 사는 사람은 그렇지 못한 사람에 비해 인생을 값지게 살 확률이 높다. 평생 자신을 붙잡아 줄 좌우명을 가지고 사는 사람 역시 그렇지 못한 사람에 비해 인생을 아름답게 살 공산이 크다. 나는 진주사범학교에 다니는 3년 동안 '스승이 되기 전에 먼저 참된 사람이 되자'는 좌우명을 가슴 깊이 새기며 살았기에 입학 후 얼마 되지 않았을 때부터 졸업할 때까지 여기저기 입주 과외 교사를 하며 내 힘으로 학교를 다녔지만 누구를 원망하거나 탓하지 않고 나 자신을 지켜 낼 수 있었다.

한국인들에게도 매우 친숙한 이미지로 남아 있는 미국의 존 F. 케네디 전 대통령은 생전에 사람들에게 이런 말을 남겼다.

"우리가 죽을 때 역사가 우리에게 던지는 네 가지 엄숙한 질문이 있습니다. 우리는 그 질문에 '그렇다'라고 긍정적인 답을 할 수 있어야 합니다. 첫 번째는 '당신은 용감했습니까?'입니다. 두 번째는 '당신은 현

1.
내 삶의 무게는 내가 만드는 것이다

명했습니까?'입니다. 세 번째는 '당신은 성실했습니까?'라는 질문입니다. 그리고 마지막 네 번째 질문은 '당신은 헌신했습니까?'라는 것입니다."

 이 질문 앞에서 조금은 부끄럽지 않을 수 있음은 사범학교 시절 교정 안에서 만났던 바로 그 좌우명 덕분이었다.

° 해마다 봄만 되면 집으로 향하는 산길 양 옆에 있는 논밭에서 개구리들이 악을 쓰고 울어댔다. 엄청난 소리였다. 그 소리를 들으며 밤길을 걷다 보면 그지없이 처량한 기분이 들었다. 아무도 내 거처를 모르니 그럴 리가 없다는 것을 알면서도 멀리 보이는 내 방에 누군가가 불을 밝히고 나를 기다려 주기를 소원하면서 걸음을 재촉하기가 일쑤였다. 울컥하며 깊은 고독감이 밀려왔다. 밤하늘을 올려다봤다. 무수한 별들이 반짝거렸다.

2

꿈을 꾸고 좇으면
현실이 된다

개구리 울음소리만 들으면
눈물이 나는 이유

환희 뒤에는 누구에게나 가슴 아픈 사연이 있다

말이 나오지 않았다. 눈물이 핑 돌았다. 시야가 가려 글자가 잘 보이지 않았다. 손수건으로 눈물을 닦은 후 다시 한 번 손에 든 신문을 눈앞으로 가져갔다. 이제야 글자가 보였다.

'鄭烘原'

한자로 된 이름 석 자가 신문 한 구석에 선명하게 새겨져 있었다. 손이 부르르 떨렸다. 돌아가신 아버지와 고생하신 어머니, 그리고 셋째 형님의 얼굴이 차례로 스치고 지나갔다.

'드디어 제가 해냈습니다. 아버지… 어머니… 형님….'

1972년 3월 17일 금요일, 새벽같이 일어나 발을 동동거리며 주인집으로 배달되는 신문을 기다렸다 사법시험 최종 합격자 명단을 통해 내가 14회 사법시험에 합격한 것을 확인한 순간이었다. 아무라도 붙잡고 왈칵 울음을 터뜨리거나 덩실덩실 춤이라도 한판 추고 싶었지만 여느 때와 마찬가지로 그날도 나는 혼자였고 조용히 나홀로 합격의 환희를 곱씹었다.

그날 신문에는 '사법고시 합격 발표'라는 제목으로 다음과 같은 기사가 게재되었다.

> 총무처는 16일 72년도 사법시험 최종 합격자 정원 80명을 확정 발표했다. 합격자 중 최고 득점자는 서울대 법대 출신의 양삼승 씨… 합격자 명단은 다음과 같다.

내 이름은 열세 번째였다.

해방 후인 1947년부터 1949년까지는 조선변호사시험이 치러졌고, 1950년부터 1963년까지는 고등고시 사법과가 시행되었다. 사법시험이 실시되기 시작한 건 1963년부터였다. 1969년까지는 절대점수제로 합격자가 가려졌다. 평균 60점 이상을 받아야 합격할 수 있었다. 그러다 보니 1964년 3회 사법시험에는 합격자가 10명뿐이었고, 1967년 7회 사법시험에는 합격자가 고작 5명밖에 나오지 않았다. 1970년부터는 정원제가 도입되어 매년 60명에서 80명 사이로 합격자가 배출되었다. 내가 합격한 14회 사법시험에서는 80명의 합격자가 나왔으니 비교적 많은 사람들이 오랜 고생 끝에 합격의 기쁨을 맛볼 수 있었던 것이다.

국가에서 치르는 시험 가운데 가장 어렵다는 사법시험. 공부에는 도가 튼 수재들조차 혀를 내두르는 사법시험은 대체 왜 이렇게 어려운 것일까? 일단 공부할 분량이 어마어마하기 때문이다. 그다음은 단

2.
꿈을 꾸고 좇으면 현실이 된다

지 법조문을 외우는 게 전부가 아니라 법률의 원리를 이해하고, 실제 적용 사례를 정확히 파악해야 하는 까닭이다. 그러니 짧게는 몇 년 길게는 수십 년을 공부해도 끝이 없는 것이다. 나는 사법시험을 준비하면서 머리도 좋고 성실하며 세상에 대한 폭넓은 이해를 갖춘 셋째형님이 왜 두 번이나 낙방의 고배를 마셔야 했는지를 이해할 수 있었다. 어떤 수석 합격자의 고백처럼 운도 많이 따라야 하는 것이 사법시험이었던 것이다.

내가 시험을 치르기 전인 1971년까지는 1차 시험과 2차 시험만 합격하면 됐다. 하지만 1972년부터 3차 시험이 생겼다. 1차 시험에서는 헌법, 형법, 민법 등 기본 3법에 영어 등 선택 과목을 객관식으로 치른다. 말이 객관식이지 보기가 많기 때문에 내용을 분명하게 알고 있지 않으면 제시간에 문제를 다 풀 수가 없다. 2차 시험에서는 헌법, 형법, 민법 등 기본 3법에 민사소송법, 상법, 행정법, 형사소송법까지 서술형으로 치러야 한다. 이 많은 과목 시험을 하루에 다 치를 수 없어 며칠씩 걸리게 마련이다. 시험 준비도 힘들지만 시험을 본다는 것 자체도 중노동이다. 14회 사법시험부터 도입된 3차 시험은 필기가 아닌 면접이었다.

며칠 후 나는 서울역에서 기차를 타고 진주로 향했다. 어머니와 형님 누님들을 뵙기 위해서였다. 안주머니에는 어머니께 보여 드릴 사법시험 합격증이 들어 있었다. 고향에는 어머니와 형님 누님들뿐만 아니라 고향 어른들과 동네 이웃들까지 영접하고 있었다. 그 시절 사법시험 합격은 개인의 성취를 넘어서 집안의 영광이며 고장의 자랑이었다. 어머니는 한없이 눈물을 흘리면서 기뻐하셨다. 지난 세월 참아 왔던 눈물샘이 터졌는지 나도 어머니를 부둥켜안고 뜨거운 눈물을 쏟아 냈다. 눈물은 아무 말 없이 지나간 고난과 설움의 시간들을 모두 씻고 닦아 주었다. 마을에는 푸짐한 잔치가 벌어졌고, 집안에는 모처럼 웃음꽃이 피어났다.

"아버님, 홍원이 왔습니다. 아버님이 그토록 소원하시던 사법시험에 제가 합격했습니다. 자, 여기 합격증 보이시죠? 이제 마음 푹 놓고 아무 걱정하지 마시고 편안하게 쉬십시오."

대송리 선산에 모셔진 아버지 산소를 찾아 사법시험 합격증을 보여드리며 문안 인사를 드렸다. 산 아래 어릴 때 뛰놀던 마을이 한눈에 내려다보였다. 혹한에도 굴하지 않고 윗몸을 드러낸 채 첫새벽 마을길을 내달리던 셋째형님과 어린 내 모습이 아스라이 보이는 듯했다.

"사법시험 공부를 시작하려고 합니다. 제가 어디에 있는지 절대로 찾지 마십시오. 합격하기 전에는 돌아오지 않을 생각입니다. 다른 걱정은 안 하셔도 됩니다. 그간 편히 계십시오."

제대하고 복학해서 3학년 과정을 마친 다음 나는 다른 가족들에게 이렇게 선언한 뒤 짐을 꾸렸다. 어쩌면 법대 야간 과정에 입학하는 순간부터 예정되어 있던 길인지도 몰랐다. 그동안 교사로 일하며 저축한 돈에다가 셋째형님으로부터 지원받은 약간의 돈을 합쳐 서울 외곽에 있는 우이동으로 들어갔다. 지금은 도봉구를 거쳐 강북구에 편입되어 있지만 그때는 우이동이 성북구에 속해 있었다. 세를 얻은 곳은 시내버스 종점 인근에서 내려 1킬로미터가량 걸어가면 나오는 외딴 집안채 옆에 딸린 작은 방이었다. 말이 서울이지 어느 시골 못지않게 한적

2.
꿈을 꾸고 좇으면 현실이 된다

한 집 몇 채 되지 않는 곳이었다. 일부러 사람들 왕래가 잦지 않고, 찾아오기 힘들며, 아무 간섭 없이 오로지 공부에만 몰두할 수 있는 외진 곳에 거처를 마련한 것이다.

아침에 일어나 밥을 먹고 나면 가방을 꾸려 독서실로 향했다. 하루 종일 독서실에서 공부하다가 저녁이 되면 다시 집으로 돌아왔다. 밥은 혼자 해먹었다. 하루는 오래 두고 먹을 반찬으로 쇠고기 장조림을 만들기 위해 고기를 사다가 냄비에 담은 뒤 간장을 붓고 삶기 시작했다. 시간이 지나면 간장이 졸면서 맛있는 장조림이 만들어질 줄 알았다. 그런데 잠시 후 간장 달이는 짭조름한 냄새가 온 동네에 진동을 했다. 무슨 일인가 싶어 동네 아낙네들이 내가 살던 집으로 다 모여드는 어이없는 촌극이 벌어졌다. 그날 소동으로 쇠고기 장조림은 그렇게 만드는 게 아니라는 사실을 처음 알게 되었다.

방학 때는 사법시험 공부에만 몰입할 수 있었으나 4학년 과정을 마쳐야 졸업할 수 있었기에 학기 중에는 최소한의 강의를 듣기 위해 학교를 가야 했다. 그렇게 1년이 흘러 대학을 졸업했지만 내 공부는 끝날 줄을 몰랐다. 의무감에서가 아니라 내가 사서 하는 공부라 넋 나간 듯이 공부에 빠져들었다. 끝없이 왜라는 질문을 던지면서 해답을 찾아 헤매면 공부는 할수록 더 재미있고 시간 가는 줄 모르게 되어 있다. 저녁 밥 먹고 책상에 앉아 법률서적을 탐닉하다가 문득 지금 몇 시지, 하고 시계를 보면 새벽 3시나 4시였다. 그제야 곤한 몸을 잠시라도 쉬게 할 수 있었다.

우이동은 뒤에 있는 도봉산 연봉 중에 소귀같이 보이는 봉우리가 있다고 해서 생겨난 마을 이름이다. 지금도 북한산과 도봉산을 오르는 등산객들이 많이 찾는 이곳은 기암괴석으로 이루어진 봉우리와 시원한 계곡이 산재해 있는 아름다운 곳이다. 봄이면 각양각색의 꽃들이, 가을이면 검붉은 단풍들이 골짜기를 가득 메운다. 하지만 이 모든 게 내게는 그림의 떡일 뿐이었다. 세 들어 사는 외딴 방과 좁디좁은 독서실을 오가는 중간에 만나는 그 어떤 풍경이나 사람이나 물건도 시야에 들어오지 않았다. 사시사철 변해 가는 주변 절경들은 오히려 내 심사를 흩트려 놓는 장애물일 수 있었다. 내 목표는 오직 사법시험 합격, 그것이었다.

내 마음을 가장 흔들어 놓은 것은 개구리 울음소리였다. 해마다 봄만 되면 집으로 향하는 산길 양 옆에 있는 논밭에서 개구리들이 악을 쓰고 울어댔다. 엄청난 소리였다. 그 소리를 들으며 밤길을 걷다 보면 그지없이 처량한 기분이 들었다. 기약도 없는 길을 터벅거리며 걷는 외로운 나그네가 된 것 같았다. 아무도 내 거처를 모르니 그럴 리가 없다는 것을 알면서도 멀리 보이는 내 방에 누군가가 불을 밝히고 나를 기다려 주기를 소원하면서 걸음을 재촉하기가 일쑤였다. 울컥하며 깊은 고독감이 밀려왔다. 밤하늘을 올려다봤다. 무수한 별들이 반짝거렸다. 언제까지 이렇게 살아야 할지 알 수 없었다. 하지만 여기서 멈출 수는 없는 일이었다. 눈물을 삼켰다. 그렇게 또 한 해가 가고 1972년 봄이 찾아왔다.

통영 노대도 피난 시절과
아버지의 갑작스런 별세

아름다운 추억은 슬픔을 이기는 힘이 된다

　　　　보수적이고 완고했던 아버지와 집안 형편이 말도 못하게 극빈하다고 생각해 모든 것을 혼자 알아서 하는 게 몸에 뱄던 나 사이에 애틋하고 아련한 추억 같은 게 있을 리 없지만 지금도 한 가지 잊지 못하는 건 6·25전쟁 당시 노대도라는 섬으로 피난 갔던 시절의 일이다.
　　　　전쟁이 터지자 국군은 속수무책으로 밀리기 시작했고, 인민군은 파죽지세로 남쪽을 향해 밀고 내려왔다. 8월로 접어들면서 전선은 낙동강을 중심으로 서로 대치하는 상황이 계속되었다. 동부 전선에서는 포항 외곽에서, 중부 전선에서는 왜관 등지에서 혈전이 계속되었고, 서부 전선에서는 진동리로 침입한 적이 마산과 진해는 물론 부산까지도 위협하고 있었다. 더 이상 피할 곳이라고는 부산밖에 없었다. 피난민들은 하염없이 부산을 향해 몰려들었다.

그런데 이때 아버지는 다른 생각을 하셨던 것 같다. 부산도 육지고 하동이나 진주에서 멀지 않은 곳이니 안전하지 않다고 여긴 것이다. 전쟁 초기에 대가족을 이끌고 피난 다니느라 엄청난 고초를 겪으신 아버지는 1·4후퇴를 보면서 영원한 피난처로 떠나야 한다고 생각하신 듯 섬으로 가서 생활의 터전을 마련하려고 하셨던 것이다. 겨우 식솔들 건사할 정도의 땅이긴 했지만 토지를 소유하고 있으니 지주인 셈인데다 지역 유지였기에 공산군들이나 이들에 동조하는 자들에게 잡히면 무슨 봉변을 당하게 될지 모르는 상황이었기 때문이다. 아버지가 찾아낸 곳은 통영군 욕지면에 딸린 노대도라는 작은 섬이었다. 지금은 통영시 여객선터미널에서 정기여객선이 운항되고, 2시간 남짓이면 다다를 수 있지만 그 당시는 목선을 타고 반나절은 가야 겨우 도달할 수 있는 먼 섬이었다.

부산에 있는 형님들을 제외한 나머지 식구들이 아버지를 따라 노대도로 피난길에 올랐다. 노대도는 상노대도와 하노대도 두 개의 섬으로 이루어져 있다. 우리 가족은 하노대도에 자리를 잡았다. 이 무렵 아버지는 틈만 나면 나를 앉혀 놓고 한문을 가르쳐 주셨다. 아버지가 교재로 사용한 책은 《추구抽句》였다. 예부터 전해 오던 저자 미상의 책으로 다섯 글자로 이루어진 좋은 구절들만 발췌하여 엮은 것이다. 처음 한문을 배우는 어린아이들이 《천자문》이나 《사자소학》과 함께 가장 먼저 익히는 책이었다. 아마도 전통적인 향리의 유학자였던 아버지가 어린 시절 할아버지로부터 배웠던 책이 아닐까 싶었다.

"자, 따라 읽어 보거래이. 천고일월명이요, 지후초목생이라."

"천고일월명이요, 지후초목생이라."

2.
꿈을 꾸고 좇으면 현실이 된다

"이기 무슨 뜻인고 허니… 천고일월명天高日月明은 하늘이 높으니 해와 달은 밝다는 뜻이고, 지후초목생地厚草木生은 땅이 두터우니 풀과 나무가 자란다는 뜻이다. 알겠나?"

"예… 알겠습니더."

사방이 망망대해인 작디작은 섬에서 아버지로서도 내게 한문을 가르치는 일 외에 달리 할 일이 없으셨던 것 같다. 땅이 없으니 농사를 지을 수도 없고, 생전 해본 적 없는 뱃일을 할 수도 없는 노릇이었다. 나 역시 매한가지였다. 난리를 피해 숨어든 외지에서 마음 편히 놀 만한 동무들도 없었다. 아버지는 가르치는 대로 잘 따라오며 한문을 익히는 내가 기특해 훈장 역할에 재미를 붙이신 듯했고, 나 역시 아버지의 권위에 압도되어 아버지가 가르쳐 주시는 대로 따라 하면서도 어느덧 한문 공부에 맛을 들였다. 교재는 천지자연에 관한 설명을 지나 인간에 관한 것과 일상생활로 이어진 다음, 맨 나중에는 학문에 힘쓰도록 권하는 내용으로 마무리되었다. 그중에도 '국난사량상 가빈사현처'(國亂思良相 家貧思賢妻, 나라가 어려울 때에는 훌륭한 재상을 찾고 집안이 궁핍해지면 현명한 처를 찾는다)는 구절은 총리에 재임하는 동안 내 머리를 감돌던 글귀이다.

맥아더 장군이 이끄는 유엔군에 의해 인천상륙작전이 성공하면서 전세가 역전되자 우리는 아버지를 따라 다시 진주의 살던 집으로 돌아왔다. 통통배를 타고 돌아오는 과정에서 중요한 재산을 팔아 모은 돈을 넣어둔 가방을 배 위에 실어 두었다가 그만 바닷속에 빠뜨리고 마는 일까지 생겼다. 그 일로 가세는 더욱 기울게 되었다. 전쟁으로 온 세상이 어수선할 때라 나는 친구들보다 학교를 1년 늦게 들어갔다. 늦은 나이에 초등학교 1학년이 되어 부모를 떠나 부산에 있는 학교를 다니다 보니 공부라는 게 영 싱겁고 하기도 싫었다. 다 아는 내용이라서 배울 게 없었다. 노대도에 있으면서 아버지로부터 한글과 한문을 다 익힌 터라 초등학교 1학년 과정에 별다른 흥미를 느낄 수 없었던 것이다. 나는 방학이 되어 집으로 돌아온 뒤 다음 학기부터는 학교에 가지 않겠다고 떼를 썼다. 그때는 길거리에 있는 상점 간판들이 다 한자로 쓰여 있었다. 나는 걸어가면서도 간판을 큰 소리로 읽으면서 다녔다. 어른들이 깜짝 놀라면서 수군덕거렸다.

"하이고, 저 아가 한자로 된 간판을 다 읽는 거 좀 보소. 애가 아이고 애어른이라 카이."

어머니 성화에 다시 학교를 가긴 했지만 재미없기는 마찬가지였다. 그즈음 부모님이 학교에 이야기를 했는지 어쩐지 사정은 알 수 없으나 학교에서도 내 학습 능력과 진도를 인정해 2학년을 마친 뒤 3학년을 거치지 않고 바로 4학년으로 월반을 하게 되었다. 친구들보다 학교를 1년 늦게 들어갔지만 월반을 한 덕에 4학년 때는 친구들과 같은 학년이 된 것이다. 그제야 정신이 번쩍 나서 공부에 몰입하게 되었다.

지금도 아버지 생각을 하면 노대도가 떠오른다. 유일하게 아버지를 가까이서 뵈며 많은 시간을 함께했던 시절이었다. 그때 아버지로부터 열심히 배운 결과 학교를 늦게 들어갔음에도 불구하고 월반을 할 수 있었고, 월반해서 학교를 다닌 결과 진주사범학교에 19회로 입학할 수가 있었다. 진주사범학교는 19회 입학생이 마지막이었다. 그 뒤로는 고등학교를 졸업해야 입학할 수 있는 진주교육대학으로 개편되었기 때문이다. 결국 내가 진주사범학교에 진학할 수 있었던 건 월반을 했기 때

2.
꿈을 꾸고 좇으면 현실이 된다

문이었다. 운명이란 그런 것이었다.

작년 여름 나는 옛 추억 속에서 오랫동안 그려 오던 노대도를 방문했다. 세월이 어지간히 흘렀으니 예전 모습이 그대로 남아 있으리라 기대한 건 아니었지만 변해도 너무 변해 있었다. 상노대도는 그럭저럭 사람도 살고 있었고 발전한 듯 보였으나 하노대도는 폐가가 많았고 사람 구경하기가 어려웠다. 그 옛날 피난 시절에 아버지로부터 한문을 배웠던 집은 흔적조차 찾을 길 없었다. 외국인 노동자 몇 명이 그물질하고 있는 한가로운 풍경 속에서 세월의 무상함을 절감했다. 마을 이장을 만나 이야기를 나눠 보려 했으나 이마저도 출장 중이라 만나지 못했다. 아련한 추억을 되새기려 간 길이었지만 어지러운 상념만 가득 안고 돌아오면서 언젠가 옛적 일을 알고 있는 분을 수소문한 뒤 한 번 더 방문해야겠다는 생각을 했다.

진주사범학교에 입학할 때 아버지와 단단히 약속했던 게 있었다. 졸업하면 고향 인근에서 교사로 일하면서 아버지가 원하시는 집안일을 돕는 것이었다. 그 약속을 어길 생각은 없었다. 하지만 학교를 다니는 동안 내게는 새로운 꿈이 생겼다. 고향 인근이 아닌 야간대학교가 있는 부산에 가서 교사 생활을 하면서 대학을 다니는 것이었다. 어차피 집안 형편상 내가 대학에 진학하더라도 누가 학비를 대줄 상황은 아니었다. 내 힘으로 벌어서 학교를 다녀야 했다. 그러니 부산에서 교사로 일해 번 돈으로 집안도 돕고, 대학도 다니겠다는 이야기였다. 졸업을 앞두고 내 결심을 단호하게 밝히면 아버지도 강하게 반대하시지는 않을 거라는 기대가 있었다.

진주사범학교는 한 학년에 3반이 있었다. 각 반에서 1등으로 졸업을 하면 부산에 있는 학교로 발령이 났다. 경상남도 지역에 사는 젊은이들에게 부산은 희망의 도시였다. 고향에 눌러앉아 사는 것과 부산에 가서 사는 것은 천지차이였다. 교사들에게도 마찬가지였다. 경상남도에서 교사들이 가장 가고 싶어 하는 곳은 부산이었다. 그 특권은 각 반에서 1등을 한 학생에게만 주어졌다. 나는 수험생이 입시 공부하듯 학과 공부에 주력했다. 어떤 일이 있더라도 부산에 발령받을 수 있는 성적으로 졸업을 해야만 했다. 다른 대안은 없었다.

학교 성적은 잘 유지되고 있었다. 1학년과 2학년 때 성적은 썩 괜찮았다. 이대로만 한다면 졸업할 때 별 문제없이 1등을 할 수 있을 것 같았다. 그렇게 3학년이 되었다. 마지막 여름방학을 앞두고 학기말 시험에 집중하고 있을 때였다. 어느 날 학교로 급하게 연락이 왔다. 아버지가 돌아가셨다고 했다. 고향 집에서 먼 곳까지 걸어서 문상을 가셨다가 갑자기 뇌출혈로 쓰러져 돌아가셨다는 것이다. 어안이 벙벙했다.

'아버님이… 돌아가시다니….'

지금도 뇌출혈은 위험한 병이지만 그때는 어찌 해볼 도리가 없었다. 아버지는 그렇게 허망하게 세상을 떠나셨다. 자식이 열두 명이나 되지만 누구 하나 임종을 보지 못했고, 어느 자식에게도 유언을 남기지 못하셨다. 큰형님도 둘째형님도 셋째형님도 나머지 다른 형제들도 허망하게 눈물만 흘릴 뿐이었다. 1962년 당시 아버지는 겨우 50대 후반에 불과했다. 장례를 치른 뒤 아버지는 대송리 선산에 묻히셨다. 석양이 깔린 하늘가엔 소쩍새 울음만이 처연했다.

1등 하면 부산 가서 교사로 일하며
야간대학을 갈 수 있다는 꿈

작은 일에 최선을 다한 자에게만 큰일이 주어진다

급작스럽게 아버지가 돌아가신 이후 모든 게 혼란스러웠다. 인생의 거대한 축 하나가 허무하게 무너져 내린 느낌이었다. 집안 대소사는 큰형님 몫이 되었다. 장남의 권위를 가지고 있었음에도 불구하고 아버지의 기대와 다른 삶을 살아온 탓에 늘 겉돌기만 했던 큰형님은 아버지의 빈자리에 소리 없이 안착했다. 그리고 물려받은 논밭을 하나씩 처분하기 시작했다. 그때 나는 비로소 우리 집이 내가 생각했던 것만큼 그렇게 빈한한 집은 아니었다는 사실을 알게 되었다. 아버지가 좀더 재산 관리를 잘했더라면 여형제들에게는 그토록 원하던 상급학교 교육을 받을 기회를 줄 수 있었을 것이고 서열이 낮은 남형제들은 고아와 같은 고생을 하지 않아도 될 수 있었으리라는 안타까움이 뼈저리게 느껴졌다.

나도 자괴감을 많이 느꼈다. 어린 나이에 뱃삯도 없이 노량항에서 부산항까지 쌀가마니를 운반하던 일, 부산에서 중학교를 다닐 때 친구 집을 전전하다가 다락방에서 연탄가스를 마셔 하마터면 객사할 뻔했던 일, 사범학교를 다니며 입주 과외를 하던 여관집에서 자전거 좀 탔다는 이유로 치도곤을 당한 채 쫓겨났던 일 등 내 운명과 힘겨운 경주를 이겨 내면서 살아온 과거가 주마등처럼 스쳐 지나갔다. 집안 형편을 감안해서, 열두 남매를 먹이고 입히며 가르치느라 너무도 힘에 겨울 부모님을 생각해서, 나 말고도 경제적 혜택이 필요할 형님 누님 동생들을 고려해서 그토록 모질게 견디며 살아왔는데, 그 모두가 허상이었다는 생각을 하니 쓸쓸하기 이를 데 없었다.

하지만 전부 지나간 일이었다. 그렇다고 부잣집 도련님처럼 살았어도 될 만한 재산은 아니었다. 할아버지에게서 물려받은 토지와 전답을 어떻게든 지켜 내야 한다는 아버지 나름대로의 강박관념 같은 게 작용한 탓일 수도 있었다. 게다가 6·25전쟁 때 피난 갔다 오는 도중에 배 위에서 우리 집 재산의 상당 부분이라고 할 수 있는 돈 가방을 잃어버린 탓도 있었다. 어쨌든 과거는 흘러갔고, 아버지는 돌아가셨다는 사실만이 중요했다. 다른 일은 관심 밖이고 앞으로 내가 어떻게 살 것인가 하는 것이 가장 중요한 문제로 부각되어 다가왔다. 길고도 힘들었던 마지막 여름방학이 그렇게 속절없이 흘러갔다.

아버지와의 약속을 지킬 필요가 없어졌다. 사범학교를 졸업하면 고향 인근에서 교사 생활을 하면서 아버지가 시키는 대로 집안일을 돕겠다던 약속은 아버지의 별세와 함께 원인무효가 되어 날아간 것이다. 남은 목표는 하나였다. 부산으로 발령을 받아 거기서 교사 생활을 하며

2.
꿈을 꾸고 좇으면 현실이 된다

야간대학을 다니는 것이었다. 3학년 2학기가 되면서 나는 더욱더 공부에만 전념했다. 여러 가지로 힘들고 혼란스러웠던 시간들이 아무 생각 없이 책과 씨름하는 사이 마지막 학기로 다가오고 해가 바뀌었다. 졸업을 앞두고 지난 3년 동안의 성적이 발표되었다. 학급 반에서 1등이었다. 마침내 부산으로 갈 수 있게 된 것이다. 말로 표현하기 힘든 커다란 성취감을 맛본 순간이었다.

그런데 이상한 일이 벌어졌다. 담임선생님이 찾는다고 해서 갔더니 희한한 이야기를 하시는 것이었다. 사범학교 졸업생들에게 적용되던 지역별 학교 배정 방식이 대폭 바뀐다는 말씀이었다.

"지금까지는 학교 배정 방식이 시도 별로 나눠져 있어가지고 경상남도에 있는 사범학교를 나오면 경상남도에 있는 학교에만 갈 수 있었는디, 금년부터는 전국에 걸쳐 교류가 가능해졌대. 그러니께 진주사범학교를 졸업했더라도 서울이나 대구, 광주에 있는 학교를 갈 수 있게 된 거란 말이야. 그러니 니는 어느 지역을 희망하나?"

"그게 정말인가요? 그렇다면 저는 서울로 가야지요."

내가 서울에 있는 학교로 발령받을 수 있게 되었다는 사실을 알게 된 친척들은 기쁨을 감추지 못했다.

"야, 홍원아! 축하헌다. 부산가는 기 꿈이더니 인자 부산이 아니라 서울로 가게 생겼구먼. 결국 소원 풀었재. 가기 전에 꼭 한턱내야 헌다."

사실이었다. 우리가 졸업하던 1963년에는 조건만 맞으면 어느 지역에 있는 사범학교를 나왔든 간에 원하는 지역에 있는 학교로 배정받을 수 있었다. 나는 부산을 목표로 했지 서울은 전혀 생각해 보지도 않았지만 이렇게 좋은 기회를 놓칠 수는 없었다. 서울로 간다면 더 넓은 세상에서 더 많은 것을 배우며 새로운 삶을 살 수 있게 되리라는 기대가 생겼다.

"어무이, 지 걱정하지 마시고 몸조리 잘하셔야 헙니다. 아버님도 안 계시니까 어무이 몸은 어무이가 잘 챙기셔야 혀요. 자리 잡으면 서울 구경시켜 드릴게요."

"부산이면 걱정을 조금은 덜할 텐디… 서울까지 가느라고… 아무튼 몸조심하거래이."

어머니께 하직 인사를 드렸다. 예상했던 대로 나는 서울에 있는 학교에 배정이 되었다. 서울특별시 서대문구 홍제동에 있는 인왕초등학교였다. 첫 부임지이자 마지막 부임지인 셈이었다. 인왕산 자락에 위치했다고 해서 인왕초등학교라는 이름을 갖게 된 이 학교는 1962년 12월 21일에 개교한 신설 학교였다. 그러니까 내가 부임한 1963년 봄에 첫 번째로 입학한 신입생들과 인근 학교에서 전학 온 학생들로 새롭게 출범한 것이다. 새로 생긴 학교다 보니 학생들이나 선생님들이나 낯설기는 매한가지였다. 내 입장에서는 차라리 잘된 셈이었다. 사범학교를 갓 졸업한 초임 교사가 오래된 학교에 부임하게 되면 선배 교사들 눈치 보랴, 이미 견고해진 아이들의 문화를 이해하고 적응하랴 바빴을 텐데 그런 수고를 덜게 된 것이다.

선배 교사 집에 하숙을 하면서 교직생활을 시작하였다. 서울은 정말 어마어마한 곳이었다. 학교생활에 조금 적응을 하고, 아이들과도 안면을 익힌 다음부터 틈나는 대로 이곳저곳을 살피러 다녔다. 명색이 서울에서 학생들을 가르치는 교사가 서울에 대해 너무 모르면 위신이 서지

2.
꿈을 꾸고 좇으면 현실이 된다

않을뿐더러 아이들에게도 책잡힐 수 있기 때문이었다. 시간이 흐를수록 서울로 올라온 게 참 잘한 일이라는 확신을 갖게 되었다.

다행히 선생님들도 친절하게 잘 대해 주었고, 아이들도 젊은 선생님을 잘 따라 주었다. 고향 생각이 날 때면 은행나무 아래를 서성이거나 인왕산을 오르기도 했다. 338미터 높이의 인왕산은 종로구 옥인동부터 서대문구 홍제동까지 4개 동에 걸쳐 있는 산이다. 능선을 따라 이어진 조선시대 때 건축된 성곽이 인상적이었다. 경치가 워낙 아름다워 조선 후기 천재 화가인 겸재 정선이 정상 아래에 있는 매 모양의 바위와 치마 모양의 바위를 화폭에 담아 '인왕제색도'를 그렸을 정도다. 나는 특히 연분홍빛 진달래와 고향 선산에 있는 것과 유사한 소나무가 어우러진 풍경을 좋아했다.

서울 시민들의 안식처였던 인왕산은 1968년 1월 21일 김신조를 비롯한 북한 무장게릴라들이 청와대를 습격하기 위해 침투한 사건 이후 출입이 통제되었다가 25년 만인 1993년부터 다시 개방되었다. 훗날 인왕산이 새로 개방되고 나서 나는 지인들과 함께 예전에 올랐던 성곽길을 거듭 올랐던 적이 있다. 정상에서 홍제동 방향을 바라보는 심정이 남달랐다. 인왕초등학교가 어디쯤 있나 더듬어 보았다. 젊은 날의 내 모습이 떠올라 코끝이 찡해졌다.

"영희야, 니 밥 뭇나?"
"이게 무요?"

잘못된 게 있으면 즉시 고치는 게 용기다

 교사들은 교과서를 가지고 수업을 한다. 모든 교과서는 표준어로 표기되어 있다. 읽고 쓰는 것 역시 전부 표준어로 해야 한다. 표준어는 서울말을 기준으로 한다. 경상도나 전라도 등 서울이 아닌 다른 지방에서 쓰는 말은 다 사투리다. 교과서를 가지고 학생들을 가르쳐야 하는 교사는 당연히 표준어를 사용해야 한다. 평소 생활할 때는 사투리를 사용하면서 교과서를 읽고 쓸 때만 표준어를 사용한다면 제대로 교육이 이루어지기 힘들다. 그래서 사범학교에서는 재학생들에게 표준어를 익히도록 권한다. 하지만 그게 잘 되지가 않는다. 용어는 표준어로 바꿀 수 있지만 나고 자란 고향에서 익혀 온 몸에 밴 억양을 하루아침에 바꾼다는 게 결코 쉽지 않은 까닭이다.
 초등학교에 막 입학했을 때의 일이다. 학교에 가서 난생처음 교과

2.
꿈을 꾸고 좇으면 현실이 된다

서라는 걸 받아 왔다. 하도 신기해서 읽어 보려고 막 국어 교과서를 펼쳤다. 그런데 이상한 말들이 쓰여 있었다.

"이 뭐꼬? '영희야, 밥 먹었니?' 에이, 누가 이리 말하노? 교과서가 이상하대이."

"어데? 어라, 그렇네? '영희야, 니 밥 뭇나?' 이래야 정상 아이가? 참말로 이상한데?"

"와 이렇게 사실과 다르재? 이런 말을 누가 쓴단 말이고?"

"그러게 말이다. 교과서를 와 이리 만들었을까? 내도 이상하긴 한데…."

"그래도 우얄끼고? 교과선데… 그대로 따라 해야지. 뭐 별 수 있나? 니가 이해하그라."

나는 혼잣말을 되뇌면서도 학교에서 책 읽을 때는 교과서에 쓰인 내로 읽었지만 생활할 때는 교과서를 완전히 무시한 채 평소에 말하던 대로 사투리를 썼다. 사투리 고치는 일은 그만큼 힘든 일이었다.

같은 경상도에서도 고장마다 사투리의 억양이나 세기가 조금씩 다르다. 포항, 울산, 대구가 다르고 부산, 진해, 통영이 다르다. 내가 살던 하동과 진주는 사투리가 약간 순한 편이라고 생각된다. 억세지가 않다. 게다가 우리 집안은 형제들이 학교 교육을 받으면서 심한 사투리를 사용하지는 않았다. 그렇더라도 서울 사람이 들으면 대번 경상도 사람이라는 걸 알 수 있었다. 경상도 지역에 있는 학교에서 교사로 있었더라면 굳이 사투리를 고치기 위해 애쓰지 않아도 됐을 것이다. 교과서를 읽고 쓸 때만 정확히 표준어를 사용하면 일상생활에서는 교사들이나 학생들이나 전부 사투리를 쓰기 때문이었다. 그러나 서울은 그렇지 않았다. 표준어를 써야만 했다.

하루는 사투리로 인해 큰 사달이 벌어졌다. 부산 지역 출신으로 나와 함께 인왕초등학교로 발령받아 온 초임 교사가 있었다. 나처럼 경상도 사투리를 쓰는 남자 선생님이었다. 교사들은 돌아가면서 연구수업을 하게 되어 있다. 효율적인 학습 지도법을 연구하며 교육의 효과를 측정할 목적을 가지고 실험적으로 실시하는 수업이다. 수업 시간이 되면 선배 동료 교사들과 학부모들이 참관했다가 수업이 끝나면 구체적인 평가를 해준다. 따라서 사전에 충분한 준비와 검토를 통해 수업 계획을 마련하고 이 계획에 따라 수업을 진행해야 한다. 순번대로 하는 수업이지만 해당 교사로서는 많은 부담을 가질 수밖에 없다.

그런데 초임 교사인 그 부산 출신 선생님이 연구수업을 담당하게 되었다. 수업을 준비하는 일도 큰일이었지만 더 큰 문제는 사투리였다. 부산 사투리는 경상도 사투리 중에서도 좀더 억세고 투박하다. 그 선생님은 전형적인 부산 사나이였다. 은근히 걱정스러웠지만 어쩔 도리가 없었다. 그 선생님은 3학년 담임이었고, 나는 2학년 담임이었다. 드디어 연구수업을 알리는 시작종이 울렸다. 그 선생님이 칠판 위에 그림 한 장을 걸어 놓았다. 물고기였다.

"자, 여러분! 이게 무요?"

"…."

선생님은 그림 속의 물고기를 가리키며 서울 말투를 흉내 내느라고 한다는 것이 "뭐예요?"를 "무요?"라고 했지만 학생들은 침묵만 지킬 뿐 그 누구도 아무런 대답을 하지 못했다. 질문이 뭔지 알아듣지를 못하니 대답을 하려야 할 수가 없었던 것이다. 부산 출신 선생님은 몹

2.
꿈을 꾸고 좇으면 현실이 된다

시 다급해졌다.

"어허, 이게 무요?"

"…."

거듭해서 되물어도 대답이 없기는 마찬가지였다. 아이들은 물론 수업을 참관하던 선배나 동료 교사들도 당황스러웠다. 답답했던 그는 지시봉으로 그림을 가리키며 외쳤다.

"도미요, 도미!"

교실 안 곳곳에서 웃음이 터져 나왔다. 아이들에게 시청각 자료를 통해 물고기의 생김새와 특징을 알려 주려던 그날 연구수업은 부산 사투리의 적나라한 실상만 알게 된 자리였다.

나도 뒤에 서서 수업을 참관하다가 참지 못하고 웃음을 터뜨리긴 했지만 내가 웃을 일이 아니었다. 그 선생님보다 정도가 심하시 않아서 그렇지 경상도 사투리를 쓰는 건 똑같았기 때문이다. 연구수업 중에 곤욕을 치른 그 선생님은 그 후 사투리를 고쳐 보려고 여러 가지로 노력하는 것 같았지만 잘 되지 않는 듯했다. 나도 그랬다. 언젠가 연구수업을 하게 될 처지였기에 역지사지의 심정으로 미리 사투리를 고치고 싶었으나 뜻대로 되지가 않았다.

몇 달의 시간이 흘러갔다. 연구수업 중에 있었던 도미 사건은 어느새 기억에서 흐릿해졌다. 그러던 어느 날 우리 반 한 학생의 어머니로부터 연락이 왔다. 학교로 찾아뵙고 드릴 말씀이 있다고 했다. 약속을 잡긴 했지만 무슨 일일까 무척 궁금했다.

"저기, 선생님… 죄송한 말씀이지만 우리 아이가 수업 시간에 선생님 하시는 말씀을 잘 알아듣지 못하겠다고 하네요. 선생님께서 경상도 출신이라 그렇다고 조금 지나면 익숙해질 거라고 잘 타일러 봤지만 여전히 무슨 말씀인지 못 알아듣겠다고 해서요. 죄송합니다."

교실에서 만난 그 어머니는 몹시 미안하다는 표정을 지으며 이렇게 이야기했다. 순간 가슴이 쿵 내려앉는 소리가 들리는 것 같았다. 마침내 올 것이 오고야 만 것이다. 충격적이었다. 미안하고 죄송한 건 그 학생과 어머니가 아니라 바로 나 자신이었다. 쥐구멍이라도 있으면 들어가고 싶은 심정이었다. 어머니께 뭐라고 말을 해야 좋을지 떠오르지가 않았다.

"…죄송한 건… 접니다. 앞으로 최선을 다해 고치도록 노력해 볼랍니다."

뭔가 죄를 지은 느낌이었다. 학생들을 가르치고 올바른 길로 인도해야 할 교사가 그동안 학생들과 학부모들에게 말 못할 근심거리를 만들어 주고 있었던 것이다. 안 될 일이었다.

그날부터 나는 사투리를 고치기 위해 필사적으로 노력했다. 부임 초에 있었던 일이 떠올랐다. 선생님들로부터 '형님'을 자꾸 '헹님'이라 부른다며 핀잔 겸 놀림을 받은 것이다. 이후 연습을 거듭해 '헹님'을 '형님'으로 부를 수 있게 되었고, 표준어 또한 공부를 통해 어느 정도 익힌 상태였지만 특유의 발음이나 억양을 고치는 게 쉽지 않았다. 무뚝뚝한 경상도 억양을 서울말처럼 나긋나긋하고 순한 억양으로 바꾸는 건 시간이 필요한 일이었다. 다른 선생님의 말을 되뇌면서 습득하고, 라디오 뉴스를 들으며 아나운서들의 정확한 발음과 억양을 따라하면서 거울을 보고 수없는 교정을 거쳤다. 작심하고 고치려 들면 고치지 못할

2.
꿈을 꾸고 좇으면 현실이 된다

게 없는 법이다. 점점 내 입에서 사투리가 꼬리를 감추고 서울말이 나오기 시작했다. 그 어머니가 학교를 다녀간 지 두 달이 지난 후 나는 아이들 앞에서 공개적으로 고백했다.

"여러분, 그동안 선생님이 사투리를 써서 미안해요. 선생님이 나고 자란 곳이 경상도라서 고치기가 쉽지 않았어요. 하지만 이제부터는 사투리를 쓰지 않고 표준어만 쓰도록 할게요. 어때요? 선생님 말이 사투리인가요? 아직도 못 알아듣겠는 학생 있으면 손들어 보세요."

"없습니다!"

그렇게 내 사투리는 흔적 없이 사라져 버렸다. 아이들과 대화를 나누거나 수업을 진행하는 데 있어 어떤 불편도 없었다.

훗날 총리직을 수행하면서 투박한 사투리를 써서 지역 색을 드러내는 일이 없었던 것은 그때 그 일 덕분이었다.

낮에는 초등학교 교사로,
밤에는 야간대학 법대생으로

시간은 어떻게 활용하느냐에 따라 길이가 달라진다

나는 사투리까지 고쳐 가며 학교생활에 충실했고, 교사로서의 입지도 어느 정도 다져 갔다. 이제 당초 목표였던 야간대학 입학을 실행에 옮길 때라고 판단했다. 내가 갈 수 있을 만한 대학이 어디일까 수소문하며 정보를 모았다.

그때는 많은 대학에서 야간 과정을 운영하고 있었다. 요즘 젊은 세대는 짐작도 못할 만큼 나라 형편이 어렵고 경제적으로 곤궁하던 때라 낮에는 일을 하고 저녁이 되면 대학에 가서 공부해야만 하는 젊은이들이 많았기 때문이다. 말 그대로 주경야독하는 학생들이었다. 그래서 어떤 해에는 주간보다 야간에 학생들의 지원이 더 많은 학과가 나오기도 했다. 정부에서도 정책적 지원을 아끼지 않아 웬만한 학과는 야간에도 거의 다 개설되어 있었다. 집안 사정이 좋아 낮 시간에 학교를 다니는

2.
꿈을 꾸고 좇으면 현실이 된다

학생들보다 스스로 돈을 벌면서 밤에 학교를 다니는 학생들이 공부에 대해 더 애틋하고 절실했기에 각 대학 졸업식 때 보면 야간대학에서 전체 수석 졸업자가 나오는 경우도 많았다. 해마다 주요 신문에 병약한 부모를 모시고 어린 동생들을 돌보면서 야간대학을 수석으로 졸업한 학생의 미담을 소개한 기사들이 빠지지 않고 실리곤 했다.

나는 여러 가지를 고려한 끝에 성균관대학교 법정대학 야간학부에 입학하기로 마음을 굳혔다. 성균관대는 야간대학 가운데 가장 인기가 있었을 뿐만 아니라 거리도 가까운 편이었다. 서대문구 홍제동 인왕초등학교에서 종로구 명륜동 성균관대학교까지는 약 8킬로미터였다. 게다가 법학과는 사법시험을 준비하는 학생들에게 선호도가 높았다. 수많은 전공 중 유독 법학을 택한 이유는 아마도 셋째형님의 영향 때문이 아니었나 싶다. 아버지가 그토록 소원하셨던 사법시험 합격, 내가 세일 좋아하는 셋째형님이 두 번이나 떨어지며 이루지 못한 사법시험 합격의 꿈, 그걸 내가 이루고 싶었다. 진로를 결정할 당시에는 뚜렷하지 않았지만 대학을 다니는 동안 그 꿈은 더욱 또렷이 다가왔다. 입학할 학교를 결정한 다음 나는 서서히 입시 준비에 들어갔다.

낮에 학교를 가면 선생님이었지만 퇴근하고 돌아오면 입시공부를 하는 수험생이 되어 사실상 주경야독의 생활이 시작되었다. 1964년도에 나는 원하던 성균관대학교 법정대학 법률학과 야간학부에 합격하여 선생 겸 학생이 되었다.

'드디어 내가 대학생이 되었구나.'

한 걸음씩 꿈을 향해 뚜벅뚜벅 걸어가는 나 자신이 대견스러웠다. 하지만 다른 한편으로는 약간의 두려움이랄까, 부담감 같은 게 나를 억

누르고 있었다. 두 가지 마음이었다.

'그런데 과연 내가 사법시험에 도전할 수 있을까? 도전한다면 성공할 수 있을까?'

일단 마음을 편히 먹기로 했다. 구체적인 건 더 나중에 생각하기로 하고 홀가분하게 대학생활을 시작하기로 한 것이다. 처음으로 거닐어 본 대학 캠퍼스는 운치가 있었다. 자유분방한 모습의 대학생들은 보기만 해도 싱그러웠다. 그동안 너무 각박하고 힘겹게 살아온 나로서는 마치 다른 세상을 보는 듯했다. 성인이자 사회인으로서 필요한 폭넓은 교양과 지식을 쌓는 일에 집중하기로 했다. 소설가 김승옥 선생은 1965년 6월 《사상계》에 발표한 대표작 〈서울, 1964년 겨울〉에서 세 젊은이를 통해 공동체 의식이 무너지고 고향을 상실한 현대인들의 개인주의를 비판하고 있지만, 이와 다르게 나로서는 삶의 터전인 동시에 꿈의 근거인 학교라는 공동체를 기반으로 생애 그 어느 때보다 여유로운 한 해를 보내고 있었다.

주간에 대학을 다니는 학생들은 이런저런 모임도 많고, 특색 있는 서클에도 가입해 활동하며, 시국 문제로 격론을 벌이거나 정부를 규탄하는 데모에 앞장서기도 했다. 그러나 대다수 야간대학 학생들은 그런 데 시간을 내기가 어려웠다. 돈벌이를 하느라 종일 일하다가 저녁 때 겨우 학교에 나와 강의를 듣다 보면 피곤이 몰려와 학과 공부를 따라가기에도 정신이 없었기 때문이다. 나도 마찬가지였다. 낮에 아이들 가르치느라 지친 몸을 이끌고 부랴부랴 강의실로 향하다 보면 허겁지겁 대충 저녁을 때우거나 아예 저녁밥을 거르기 일쑤였다. 밀린 공부

2.
꿈을 꾸고 좇으면 현실이 된다

는 주말에 몰아서 해야만 했다. 자칫하면 야간대학생활에서 정서적으로 메마르거나 낭만과 사색을 잃을 수도 있었으나 다행히 진주사범학교에서 받은 전인교육이 나에게 소중한 자양분이 되어 여러 가지 예체능활동으로 빈자리를 조금은 채울 수 있었다.

당시 시국은 녹록치 않았다. 그런 가운데서도 나는 무사히 1학년 과정을 마쳤다. 1965년이 밝았다. 나는 2학년 진학을 앞두고 대학교에 휴학계를 제출했다. 여러 가지로 머릿속이 혼란스럽기도 하고, 생각도 제대로 정리되지가 않았기 때문이다. 아이들을 가르치는 일은 언제나 즐거웠다. 대학에서 법을 전공하는 것 역시 적성에 딱 맞았다. 하지만 이 두 가지 일을 언제까지나 병행할 수는 없었다. 교사의 길을 계속 묵묵히 걸어가야 할지, 아니면 적당한 시기에 사직서를 내고 공부에 매진해 사법시험에 도전해야 할지, 선뜻 결정을 내릴 수가 없었다. 나는 제3의 길을 선택했다. 군대에 가기로 한 것이다. 대한민국의 건강한 젊은이로서 국방의 의무를 다하는 것은 당연한 일인 데다 군대 생활을 하는 동안 나의 미래에 대한 깊은 사색과 방향 설정을 하겠다는 생각에서다. 군대 생활이 졸병에게 사색의 시간을 허락할 만큼 한가하지 않다는 사실을 뒤늦게 깨달았지만 말이다. 신체검사를 받고 입대 신청을 한 뒤 몇 달을 기다린 끝에 한여름 훈련소에 입소하게 되었다. 생각보다는 박박 깎은 머리에 군복이 잘 어울렸다.

아버지와 셋째형님을 떠올리며
사법시험 공부에 돌입하다

새로운 도전은 내 안의 모든 잠재력을 일깨운다

경상남도 창원에 있는 훈련소에서 6주 동안의 교육을 마친 나는 경상북도 영천에 있는 부관학교로 배치되었다. 당시 영천에는 육군에 필요한 간부와 정예요원들을 양성하기 위해 만들어진 정보학교, 헌병학교, 부관학교, 경리학교가 위치해 있었다. 현역 초등학교 교사이자 야간대학 법대생이었던 나는 부관학교에서 인사행정을 배우게 되었다. 글씨를 잘 쓴다는 이유로 주로 차트를 만드는 일에 동원되었다. 군대에서 필요한 여러 가지 교육 자료와 보고 자료는 커다란 백지 위에 각종 도표와 그림을 그려 가며 손 글씨를 써서 일목요연하게 만든 차트를 한데 묶어 궤도에 걸어 놓고 사용했다. 지금이야 전부 컴퓨터로 처리하는 일이지만 그때는 일일이 수작업을 해야 했기에 한자를 많이 안다든가, 글씨를 잘 쓴다든가, 그림을 잘 그린다든가 하는 것들이

2.
꿈을 꾸고 좇으면 현실이 된다

다 특기사항에 속했다.

부관학교를 1등으로 졸업한 나는 서울 삼각지에 위치한 육군본부로 발령을 받아 사병 복무를 시작했다. 군인으로서의 고된 훈련과 복무규율 그리고 계급사회에서의 엄격한 위계질서 등이 결코 만만치는 않았지만 내 군대생활은 비교적 순탄했다. 열두 남매 중 열 번째로 태어나 형제들과 어울려 사는 훈련을 받은 터라 나는 선임 병사들과 후임 병사들 사이에서 인심을 잃지 않고 좋은 관계를 유지했다. 무엇보다 시간만 되면 꼬박꼬박 나오는 삼시세끼를 받아먹는 일이 즐거웠다. 국가 덕분에 의식주를 걱정하지 않고 살 수 있던 기간이었다. 그렇게 세 번의 여름이 가고, 세 번째 가을이 영글어 갈 무렵인 1967년 10월, 2년 6개월 동안의 복무를 모두 마치고 제대를 했다. 오랜만에 나온 바깥세상은 그다지 변한 게 없었다.

1968년은 북한이 각종 도발을 무차별적으로 강행한 해였다. 1월 21일에는 무장공비 31명이 청와대를 기습하여 대통령을 시해하려다 미수에 그쳤고, 1월 23일에는 미국 정보수집함 푸에블로 호가 공해상에서 무장한 4척의 북한 초계정과 출동한 미그기 2대의 위협 아래 북한 원산항으로 강제 납치되었으며, 11월 3일에는 120명에 달하는 무장공비들이 경상북도 울진과 삼척지구에 침투해 공포 분위기 속에 주민들을 선동하는 동시에 무참히 학살하는 만행을 저질렀다. 이런 일련의 도발에 대한 대응으로 향토예비군이 창설되었고, 군 복무기간이 30개월에서 36개월로 늘어났으며, 고등학교 이상의 학교에서 교련으로 일컬어지는 군사기본훈련이 실시되었다.

생각해 보면 내 국방의 의무는 좀 남다른 측면이 있었다. 제대한 후 얼마 되지 않아 발생한 1·21사태로 인해 1968년 4월 1일자로 예비군이 창설되면서 나는 1기생으로 향토예비군 훈련을 받게 되었다. 정상적으로 사회생활을 하면서 소집령이 내려질 경우에만 일정 기간 훈련을 받는 것이었지만 법에 따라 서른다섯 살 때까지 예비군 훈련을 받아야 했다. 사법시험에 합격하고 검사로 임관한 뒤에도 예비군 훈련에는 예외가 없었다. 마침내 서른다섯 살이 되어 예비군 훈련을 면제받게 될 즈음에는 전국에 민방위대가 창설되어 쉰 살이 될 때까지 민방위 교육과 훈련을 받게 되었다. 적의 무력 침공이나 자연 재난으로부터 국민의 생명과 재산을 지키기 위해 만들어진 민방위대는 대한민국 남자로서 지게 되는 마지막 국방의 의무였다. 지금은 법이 개정되어 마흔 살까지 민방위 교육과 훈련을 받지만 1988년까지는 마흔다섯 살까지 받아야 했고, 창설 이후 1982년까지는 쉰 살까지 받아야 했다. 나는 현역 복무로부터 시작해서 예비군과 민방위대에 이르기까지 국방의 의무가 신설되거나 변경될 때마다 빠짐없이 1기생으로 들어가 정해진 기간을 꽉 채우며 가장 길게 국방의 의무를 마친 남자가 되었다.

봄이 되면서 나는 인왕초등학교 교사로 복직을 했고, 성균관대학교에도 복학해 2학년 과정을 시작했다. 군 복무를 마치고 예전 삶의 현장으로 복귀하자 몇 년 사이 훌쩍 어른이 된 것 같은 기분이 들었다. 내가 입대 전 담임을 맡았던 2학년 아이들은 5학년이 되어 나를 맞아 주었다. 대학도 그랬다. 64학번 동기들은 거의 졸업을 했고, 군에 갔다 복학한 남학생들만 눈에 띄었다. 순진하기 그지없던 동기생들의 얼굴에서는 한없는 삶의 무게와 고민들이 느껴졌다.

"자네는 언제부터 사법시험을 준비할 건가? 군대도 갔다 왔으니 시

2.
꿈을 꾸고 좇으면 현실이 된다

작해야 할 텐데….”

"글쎄… 나는 자신이 없어. 그냥 더 좋은 회사에 취직하는 게 어떨까 고민 중이야."

"나는 이제 시작하려고 하네. 졸업하기 전에 끝장을 볼 생각이야."

모이기만 하면 화제는 대개 사법시험 준비에 관한 것으로 흘러갔다. 합격한 선배의 무용담이나 연거푸 실패한 선배의 가슴 아픈 사연도 곁들여졌다. 그런 이야기를 들으면 나는 별로 할 말이 없었다. 아직 결심이 서지 않았기 때문이다. 그렇게 2년의 시간이 더 지나갔다.

1969년 말 2학기가 끝난 뒤 나는 교장선생님께 사직서를 제출했다. 드디어 사법시험을 준비하기로 결심을 굳힌 것이다. 교직에 들어선 지 6년 만이었다. 군대에 다녀온 3년을 빼면 교단에 선 것은 3년 남짓이었다. 만감이 교차했다. 교장선생님은 사법시험을 준비하기 위해서라는 말에 더 이상 나를 붙잡지 않았다. 좋은 결과를 바란다고 격려해 주었다. 아이들을 가르치며 한평생 교단에 서는 것도 보람되고 의미 있는 일이었지만 아무리 생각해도 내게는 다른 길이 정해져 있는 것 같았다. 남에게 폐를 끼치기 싫어하고, 부도덕하며 부조리한 것을 그냥 넘기지 못하는 기질로 봐서 사법시험을 통해 공직에 나가 나라를 위해 일하는 것이 내가 가야 할 길이라고 생각했다. 길이 정해진 이상 두리번거릴 필요가 없었다.

예전부터 고시낭인이라는 말이 있었다. 한번 사법시험 공부를 시작하면 계속해서 낙방의 고배를 마시더라도 그만두고 빠져나오기가 힘들어 안 되는 걸 알면서도 하염없이 사법시험에만 매달리게 되는데, 그런 사람을 일컬어 고시낭인이라고 불렀다. 사실상 직업이 없는 무직자 신세이면서도 돈벌이에 나서지 않고 매일같이 법전만 들여다보면서 무엇에 중독된 사람처럼 환상에 빠져 살아가기에 커다란 사회 문제로 대두되기도 했다. 1차 시험에 합격한 뒤 2차 시험에 몇 차례 떨어진 사람들의 경우 조금만 더 열심히 하면 곧 합격할 것 같은 생각이 들기 때문에 아까워서라도 공부를 포기하기가 더 어렵다. 그러다 보면 취직할 나이도 지나고 결혼 적령기도 넘어서게 된다. 신림동 고시촌 등에 가면 이런 고시낭인들이 비일비재했다.

다른 시험도 그렇지만 사법시험은 공부하는 햇수가 늘어난다고 해서 실력이 점점 좋아지는 것은 아니라고 생각했다. 공부를 하면 할수록 잘못된 타성이 생기거나 이전 것을 잊기 때문에 3년 공부한 사람이나 5년 공부한 사람이나 별다른 차이가 없다. 법을 이해하고, 해석하며, 적용하는 판단력과 상상력은 공부한다고 해서 늘어나는 게 아니다. 따라서 나는 본격적으로 사법시험을 준비한 뒤로 2~3년 안에 합격이 되지 않으면 사실상 어렵다고 생각했다. 나는 길게 보고 완만하게 실력을 향상시키는 방법 대신 짧은 시간 안에 최고로 집중력을 끌어올릴 수 있는 방법으로 공부했다.

내 공부 방식은 숲을 먼저 이해한 뒤에 나무를 들여다보는 식이었다. 무조건 법률 교과서를 달달 외면서 판례를 숙지하기 위해 땀을 흘린 게 아니라 법이 만들어진 원리와 법조문 안에 담긴 철학을 충분히 살피고 이해한 다음 법전과 판례를 이런 시각을 가지고 들여다본 것이다.

'이 법이 만들어진 목적은 무엇일까?'

2.
꿈을 꾸고 좇으면 현실이 된다

'이 법이 궁극적으로 지향하는 바는 어떤 것일까?'
'아하, 이 조항은 이래서 만들어진 거로구나.'

이렇게 하나하나 원리와 철학을 이해하면서 법전을 펼치고 판례를 살피다 보니 법을 공부하는 게 생각보다 훨씬 재미있었다. 사법시험 공부를 재미있게 했다고 하면 이상하게 들릴지 몰라도 나는 정말 그랬다. 아무런 재미도 없는 걸 밤낮으로 외우기만 한다면 얼마나 힘들고 괴롭겠는가? 딱딱한 법전을 가지고도 얼마든지 재미있게 공부할 수 있다. 그렇게 한 공부라야 능률도 오르고 내 것이 될 수 있다. 적막강산 같은 우이동 계곡 아래 외딴집에서 2년 동안 사법시험 공부에 매진하면서도 끝까지 초심을 잃지 않고 버틸 수 있었던 데는 이런 공부법이 큰 역할을 한 셈이다. 이는 진주사범학교에 다닐 때부터 몸에 밴 습관이었다.

정말 힘든 건 공부에 빠져 있을 때가 아니라 녹서실을 샀다가 설어서 집으로 돌아갈 때였다.

'아, 누군가 와서 내 방에 불을 켜놓고 기다려 준다면 얼마나 좋을까?'

계절이 두 번 바뀐 뒤 내 긴 고독의 시간에 마침표가 찍혔다. 1972년 3월 17일 내가 없는 방에 환하게 불이 밝혀질 수 있었다.

° 1974년 검사로 임관할 때 사법시험 14회 동기들 중 29명이 함께 검사로
출발했으나 이때부터 나는 동기들 가운데 항상 맨 앞에 서는 영광을 누렸다.
서울대 법대 졸업생들이 주류인 검찰에서 아무런 학연이나 지연도 없이
오로지 사범학교를 나와 야간대학을 졸업한 이력이 전부였던 내가
이렇게 사람들로부터 인정을 받을 수 있었던 건 순전히 맡은 일을 묵묵하고
충실하게 해낸 정직과 실력, 그것뿐이었다.

3

성실하고 진실하면
실력이 된다

79명 중 4등으로 졸업한
사법연수원

내가 흘린 땀방울은 결코 나를 배신하지 않는다

        로스쿨 제도가 생기기 전 사법시험에 합격한 사람들은 전원 사법연수원에 들어가 2년 동안의 연수를 마쳐야 했다. 대학에서 법을 전공한 다음 엄청난 분량의 공부를 통해 사법시험 관문을 통과했다 하더라도 실제 현장에서 판사, 검사, 변호사로 활동하기에는 지식과 경험이 턱없이 부족하기에 실무 능력을 기르려면 그만큼의 수련 과정이 필요한 것이다. 사법시험 합격생은 아직 법조인 신분이 아니다. 대법원장에 의해 5급 상당의 별정직국가공무원으로 인정을 받아 약간의 월급을 받으며 사법연수원생으로서 교육을 모두 마치고 수료해야 비로소 정식 법조인이 된다.

        사법연수원이 개원하기 이전에는 대법원장이 고등고시 사법과에 합격한 사람들을 사법관시보로 임명해 1년 이상 법원과 검찰청에서 소정

과목의 실무수습을 받게 한 뒤 실무고시에 합격한 사람들에 한해 판사나 검사로 임명하였다. 그러다가 1962년 4월 사법관시보를 없애고 서울대학교에 사법대학원을 설치해 이 과정을 수료한 사람들에게 판사와 검사의 임용자격과 함께 석사학위를 수여하였다. 그러나 법조인들의 자질 향상을 위해 보다 과학적이고 체계적인 연수제도가 필요하게 되면서 사법대학원을 폐지하고 대법원에 사법연수원을 설치하기에 이른 것이다. 사법연수원은 1971년 1월 1일 대법원이 위치한 서울시 중구 서소문동에서 개원을 했다.

나는 14회 사법시험 합격자 79명의 일원으로 사법연수원에 입소했다. 합격자 80명 가운데 한 사람만 개인 사정으로 빠진 상태였다. 내가 교육 받을 때는 전기교육 9개월, 실무수습 12개월, 후기교육 3개월로 교과과정이 편성되어 있었다. 교수들의 강의를 듣고, 리포트를 제출하며, 시험을 치른 후 평가를 받는 것은 대학교와 다를 바 없었다. 하지만 과목 수나 수업의 강도 그리고 시종일관 계속되는 팽팽한 긴장감은 더욱 깊이가 있었다.

사법연수원을 졸업할 때 받게 되는 성적에 따라 임관 여부와 임지가 결정되기 때문에 사법연수원에 들어가면서 본의 아니게 사법시험 합격 동기생들 간에 경쟁을 치르게 되었다. 판사가 될지 검사가 될지 결정은 나중에 하더라도 2년 동안 사법시험 공부하던 것 이상으로 집중해 좋은 성적을 받아 두어야 했다. 공직에 나가 나라를 위해 일할 각오로 사법시험을 치렀던 것인데, 사법연수원 성적이 좋지 않아 공직에 나갈 수 없게 된다는 건 상상할 수도 없는 일이었다. 홍제동에서 명륜동을 오가며 주경야독하던 대학생에서 우이동 산골에 들어가 수도사

3.
성실하고 진실하면 실력이 된다

처럼 법전에 묻혀 살던 고시생을 거쳐 정장을 갖춰 입고 출근하는 사법연수원생으로 신분만 바뀌었을 뿐 나는 또다시 판례 공부와 실무수습에 몰입해야 했다.

"저는 작년에 서울법대를 졸업한 ㅇㅇㅇ입니다. 한 번 떨어지고 두 번째 합격했습니다."

"저는 이 선배님 1년 후배 ㅇㅇㅇ입니다. 운 좋게 단박에 붙었습니다. 잘 부탁드립니다."

사법연수원 입소 후 동기들끼리 모여 자기소개를 하는 시간이었다. 서울대 법대 출신들은 전체 합격자의 60퍼센트를 웃돌았다. 하지만 그 해는 서울대 법대 다음으로 고려대 법대 합격자가 많았던 전통을 깨고 성균관대 출신이 7명에 달해 합격자 수에서 은메달을 차지하는 이변이 일어났다. 그 외에 다른 연수원생들도 서울 명문대와 지방 국립대 출신들이 대부분이었다. 사범학교를 졸업한 나이 많은 선배가 한 사람 있었으나 초등학교 교사로 일하다가 뒤늦게 야간대학을 나온 사람은 내가 유일했다. 동기생들은 내 이력에 놀라는 듯했다.

"경상남도 하동에서 태어나 경남중학교와 진주사범학교를 졸업하고 서울 인왕초등학교에서 교사생활을 했습니다. 뒤늦게 성균관대 법정대 야간학부에 입학해 공부하다가 군에 다녀온 뒤 사법시험 준비를 했습니다. 나이는 좀 많지만 미숙한 게 많으니 잘 부탁드립니다."

연수원에서 진행되는 많은 과정 중에 내가 특히 관심을 기울인 건 실무수습이었다. 법원 실무수습에서 판결문을 쓸 때 어린 시절부터 고생하며 겪은 일들과 진주사범학교 시절부터 익혔던 글쓰기 경험이 상당한 도움이 되었다. 알고 있는 법 지식을 총동원해 내가 주장하는 바를 관철시키기 위해 판결문을 짜 맞추는 게 아니라 종합적으로 사건을 파악해 원고와 피고 모두의 입장을 고려하여 법의 원리와 철학에 부합하도록 판결문을 작성한 것이다. 실무수습 중에서도 뭔가 심판을 내리면서 한쪽 편에 서야 하는 법원 실무수습보다는 정확한 사실 관계를 따져 법의 정의를 실현하면서 법으로부터 억울함을 겪는 사람이나 소외되는 사람이 없도록 직접 수사에 임하거나 지휘하고 감독해야 하는 검찰실무수습이 더 흥미롭고 적성에 맞는 것 같았다.

6개월 동안 법원시보를 마친 뒤 검찰시보로 근무할 때였다. 나이순으로 임지를 결정하는 관례로 볼 때 나는 당연히 서울에서 검찰시보로 일하게 될 줄 알았는데, 뜻밖에도 아무런 연고가 없는 광주지방검찰청 순천지청으로 발령이 나는 바람에 서둘러 전라남도 순천시로 내려가게 되었다. 법원시보나 변호사시보와 달리 검찰시보는 검사 직무대리로 일선 검사와 똑같은 소임을 맡게 된다. 하루는 어떤 여자가 간통죄로 구속이 되어 왔다. 나는 그 사건을 배당받아 조사하게 되었다.

"어떻게 해서 외간 남자와 정을 통하게 되었나요?"

"지 남편이 바람이 나서 가출을 했당께요. 다른 여자랑 살믄서 애까지 낳았어라. 그란디 가끔씩 집에 들어와서 돈을 뜯어 갔어요. 있으나마나 한 남편이었당께요. 그러는 사이 지가 다른 남자를 만나게 되었지라. 어느 날 집에 들어온 남편이 지가 그 남자랑 있는 걸 본 거여요. 지는 실컷 바람 펴놓고서 나를 간통죄로 고소한 것이어라. 참말로 억울하당께요."

지금은 간통죄가 없어졌으나 그 당시는 간통죄를 저지른 사람은 무

3.
성실하고 진실하면 실력이 된다

조건 구속 수사하는 게 원칙이었고, 법원에서는 통상 징역 8개월을 선고하는 게 관례였다. 나는 아내를 고소해 구속시킨 남편이 도저히 이해가 가지 않는 파렴치한으로 여겨져 따져 보기로 하고 그를 소환했다.

"당신이 잘못한 게 과연 무엇인지 당신 스스로 이야기를 해보십시오."

"지는 아무런 잘못이 없어라. 왜 고소한 사람에게 잘못한 걸 말하라고 하신다요? 고소당한 여자헌티 잘못을 불라고 혀야 맞지라. 암만 생각혀도 지는 한나도 잘못한 게 없당께요."

"더 좀 곰곰이 생각해 보십시오."

"한 가지 있기는 있어라. 작년 추석 때 태풍 피해를 입은 사람에게 구호미를 준다믄서 신고를 하라더라고요. 그란디 지는 피해를 안 입었는디도 몰래 거짓으로 신고혀서 구호미를 타먹었설랑요. 생각해 보니께 그게 지가 근래에 젤로다가 잘못한 일이란 생각이 드네요."

"그건 이미 알고 있습니다. 그것 말고 다른 잘못 없습니까?"

스스로 잘못을 고백하도록 하기 위해 그가 저지른 과오를 미리 조사하여 다 알고 있는 듯이 말을 했다.

"…생각해 보니 딱 한 가지 더 있어라. 우리 애 호적이 잘못되어서 면사무소 직원헌티 돈을 주고 고친 일이 있당께라. 얼마 안 되지만 그것도 뇌물은 뇌물잉께 잘못이지라."

그는 스스로 본 사건에 대한 자신의 잘못을 이야기하지 않았다. 어쩌면 남존여비 의식에 마비되어 자신이 외도한 것을 잘못이라고 생각하지 않는지도 몰랐다. 하는 수 없이 나는 그의 잘못을 직접 말해 주었다.

"간통은 부부 모두에게 해당하는 일입니다. 당신은 아내를 간통죄로 고소했지만 먼저 집을 나가 바람을 피운 건 당신 아닙니까? 버젓이 애까지 낳아 딴살림을 차려 살면서 본처에게 다른 남자가 생겼다고 해서 간통죄로 고소해 구속을 시키다니 이게 말이 됩니까? 부인이 고소를 하면 당신도 구속되어야 합니다. 가슴에 손을 얹고 한번 생각해 보십시오. 자신의 죄를 먼저 생각하라는 말입니다."

그때서야 이 남자는 고개를 숙이며 자신의 잘못을 시인했다.

"그럼 이제 어떻게 하시겠습니까?"

"당장 고소를 취하해야 되겠지라."

그렇지만 나는 그 자리에서 바로 고소 취소장을 작성하게 할 수가 없었다. 나중에 그가 검찰시보의 강요에 못 이겨 작성한 거라고 주장하게 되면 일이 복잡해지는 데다 진심으로 뉘우쳐서 한 행동이 아닐 수도 있었기 때문이다. 나는 좀더 깊이 생각해 본 다음 내일까지 직접 고소 취소장을 써오라고 이른 뒤 그를 돌려보냈다. 그러나 이튿날 남편은 끝내 나타나지 않았다. 나를 피해 어디론가 도망을 친 것이다. 나는 그 여자의 구속을 취소하고, 불구속기소로 석방시켜 주었다. 비록 검찰시보 신분이기는 했지만 법을 공평하게 적용하여 억울한 사람의 처지를 살펴주고, 파렴치한 행동을 정당화하려는 사람에게 자신의 잘못을 인정하도록 한 것은 이전에 느껴보지 못한 가슴 벅찬 경험이었다.

정신없이 실무를 익히다 보니 어느덧 2년의 시간이 지나 졸업을 앞두게 되었다. 초미의 관심사는 졸업 성적이었다. 성적이 발표되기까지 모든 연수원생들이 긴장을 늦추지 못했다. 어쩌면 법대 4년, 사법시험 준비에 몰두한 기간, 사법연수원 2년의 시간들을 총결산하는 최후의

3.
성실하고 진실하면 실력이 된다

순간인지도 몰랐다. 사법시험에 합격할 때의 성적과 사법연수원을 졸업할 때의 성적은 달랐다. 수석 졸업자는 김황식 전 총리였다. 나중에 제41대 국무총리를 지낸 분이다. 나는 4등이었다. 79명 중에 4등이면 꽤 괜찮은 성적이었다. 시골 농촌 출신에 사범학교를 졸업하고 교사로 재직하다가 뒤늦게 야간대학에 들어가 공부한 사람이 머리도 좋고 쟁쟁한 배경을 가진 서울대 법대 출신들이 즐비한 사법연수원을 4등으로 졸업하게 되었다는 사실에 동기 연수원생들은 물론 교수진들도 놀라는 기색이 역력했다.

"자네, 성적이 아주 잘 나왔더군. 축하하네. 당연히 법원을 지원할 테지? 안 그런가?"

"아닙니다, 교수님! 성적은 좋게 나왔지만 저는 검찰을 지원할 겁니다. 제 적성에는 판사보다 검사가 더 잘 맞는 것 같습니다. 검사가 되겠습니다."

"그렇다면 할 수 없지. 멋진 검사가 되길 바라네. 다시 한 번 축하하네!"

수석으로 졸업한 김황식 전 총리는 법원을 지원해 판사로 나갔고, 2등과 3등을 차지한 연수원생들은 군 미필로 수료와 동시에 군에 입대했다. 그다음 성적을 받은 내가 검찰에 지원했기 때문에 검찰 지원자 중에서는 가장 성적이 앞서 있었다. 사람들은 대부분 내가 서울지방검찰청으로 발령이 나리라 생각했다. 지금의 서울중앙지방검찰청인 서울지검은 일선 검찰 기관 가운데 최대 조직으로 서울 중심부를 관할하고 있었다. 그런데 많은 사람들의 예측과 달리 나는 서울지검 영등포지청(현 남부지방검찰청)으로 발령이 났다. 서울지검에는 서울대 법대 출신이 발령을 받았다. 야간대학을 나온 출신 성분 때문이었을 것이다. 연수원 시보 발령과 초임 검사 발령을 받으면서 법조계의 편견과 불합리를 경험한 셈이다.

"소매치기 좀 많이 했네요?"

결과만 보지 말고 원인을 파악하는 게 중요하다

"아니, 그게 정말이야? 검찰 지원자 중에서 성적이 1등인 사람을 서울지검으로 발령을 내지 않고, 영등포지청으로 발령을 냈단 말이지? 대체 무슨 인사 발령이 그래? 거참…."

"요즘은 검찰에서 서울지검보다 영등포지청을 더 쳐주나 보지. 안 그래?"

1974년 검사로 임관해 서울지검 영등포지청으로 출근하던 첫날, 선배 검사들은 나를 보며 여기저기서 이렇게 수군거렸다. 그러나 나는 서울지검으로 발령이 나든 영등포지청으로 발령이 나든 개의치 않으려고 했다. 초임 검사인 내가 어디서 무슨 일을 하더라도 대한민국 검사로서 당당하게 일하면 된다고 생각했기 때문이다. 주변 시선이야 어떻든 내게 주어진 일에만 충실하기로 마음먹었다. 초임 검사에게는 모든 게 낯설었으며 검찰에서 이루어지는 작은 일 하나도 녹록치 않았다.

나는 형사부에서 강력 사건을 담당하게 되었다. 강력 사건 담당 검사는 두 명이었는데, 선배 검사 한 명은 중요 범죄를 맡아 처리했고, 나는 그 밖의 사건을 맡았다.

해가 바뀌어 1975년으로 접어들면서 서울 시내 전역에 소매치기들이 들끓었다. 신문 방송 등 언론에서는 연일 소매치기 사건을 집중 보도하며 불안한 치안 문제를 이슈화했다. 엎친 데 덮친 격으로 서울시경에 소속된 한 경찰 간부가 그동안 소매치기 조직과 연계되어 뒤를 봐주고 뇌물을 받아 온 사실이 밝혀지면서 국민들의 원성은 더욱 드높아졌다. 마침내 검찰은 소매치기범과 관련 부조리 등에 대한 소탕령을 내리고 검거 작전에 들어갔다. 당시 서울 시내에는 4개의 거대한 소매치기 조직이 있는 것으로 알려졌었다. 그중 영등포를 거점으로 활약하던 유○○ 파를 경찰이 검거하여 구속시켰다. 이 사건이 경찰에서 검찰로 송치되면서 담당 검찰청인 영등포지청으로 넘어왔다. 그날 갑자기 지청장실에서 호출이 왔다.

"정 검사, 요즘 소매치기 문제로 시끄러운 거 알지? 경찰에서 넘어온 소매치기 두목 유○○을 맡아 수사해 봐. 이 사건을 계기로 소매치기를 대대적으로 한번 소탕해 보면 좋겠어."

"네? 알겠습니다, 지청장님!"

국적으로 여론의 주목을 받는 중대한 범죄는 경험이 많은 베테랑 검사가 담당하는 게 일반적인 관례였으나 이례적으로 지청장이 직접 초임 검사인 나를 불러 임무를 부여한 것이다. 나는 당혹스럽기는 하지만 검사로서 처음으로 맡겨진 중요한 사건이니만큼 최선을 다해 좋은

3.
성실하고 진실하면 실력이 된다

결실을 맺어 보리라 다짐했다. 이런 뿌리 깊은 민생 범죄는 소매치기 몇 명을 검거한다고 해서 해결될 문제가 아니었다. 무엇보다 하루하루 먹고살기 힘든 서민들의 주머니를 몰래 털어가는 소매치기 같은 악성 범죄는 죄질이 매우 좋지 않은 범죄였기에 나는 이번 기회에 아예 소매치기 조직 전체를 뿌리 뽑아서 다시는 이런 범죄가 발을 붙이지 못하도록 만들어야겠다는 생각을 했다.

구속된 유○○을 불러 심문을 했다. 밝혀진 그의 범죄 사실만도 수십 가지에 달했다.

"유○○ 씨, 소매치기 좀 많이 했네요?"

"무슨 말씀이십니까? 검사님, 저는 소매치기한 일이 없습니다."

"기록도 있고 증거도 있는데, 왜 이러십니까? 당신 애도 있잖아요? 나중에 애가 일세 되면 어떻게 하실 섭니까? 평생 사식한테 우리 아빠는 소매치기였다는 소리를 들으며 사실 생각입니까? 언제까지 이렇게 사실 거예요? 이번 기회에 깨끗이 손 씻고 저랑 같이 소매치기를 소탕하는 일에 동참해 주십시오. 제가 새 삶을 사실 수 있게 적극 도와드리겠습니다."

그는 미동도 하지 않았다. 일개 조무래기도 아니고 한 조직을 이끌어 가는 두목인데, 쉽사리 내 말을 들을 리가 없었다. 그날부터 나는 매일같이 그를 불러내서 타이르며 설득했다. 이미 결혼해서 아내도 있고 아이도 있었기에 가족 문제를 중점적으로 거론하며 호소했다.

일주일쯤 지나자 그의 태도에 변화가 감지되기 시작했다. 눈빛이 흔들리는 게 분명했다.

"검사님… 그러면 도대체 어떻게 하자는 말씀이십니까?"

"나랑 힘을 합쳐서 소매치기 소탕 작전을 펼쳐 봅시다. 먼저 당신 부하들을 자수시켜 주십시오. 일단 전부 구속시킨 다음 법원에 다들 자수했으니 정상을 참작해 달라고 선처를 호소하겠습니다. 그러면 모두 집행유예로 나오게 될 겁니다. 집행유예 중에 재범을 하면 집행유예가 취소되니까 소매치기를 하고 싶은 유혹을 막아 줄 겁니다. 그런 다음 다른 소매치기 조직을 뿌리 뽑는 일에 함께 참여하면 됩니다. 다 같이 손 씻고 새 출발을 하는 겁니다."

그는 결국 내 제안에 동의하게 되었다. 그때는 법원과 검찰이 범죄 예방과 재발 방지를 위한 목적이라면 법원이 검찰 의견을 적극 수용해 주는 경향이 있었다. 하는 일은 다르지만 나라를 위해 엄정하게 법을 집행해 정의를 구현한다는 법조인의 사명감에 있어서는 일맥상통했기 때문이다. 무조건 범죄자를 잡아들여 벌을 주는 게 능사가 아니라 다시는 죄를 짓지 않도록 교화하고 사전에 범죄가 일어나지 않게 예방하는 것이 중요했다. 그의 설득으로 소매치기인 동생이 먼저 자수하기로 했다. 이후 소위 식구라고 불리는 그의 조직원들을 한 명씩 만나 설득하자 소매치기들이 줄줄이 자수 의사를 밝혀 왔다. 어느덧 자수를 결심한 사람이 10여 명에 달했다. 그들이 검찰에 출두해 자수한 날, 즉 구속되기 하루 전 나는 그들을 한데 불러 모아 이야기했다.

"여러분의 자수에 따라 내일 여러분은 곧바로 구속될 겁니다. 자수한 사람을 구속하는 이유는 집행유예를 받더라도 재범을 하면 집행유예가 실효되기 때문에 재범을 생각하지 못하도록 하려는 것입니다. 도망갈 사람은 가십시오. 하지만 그 뒤에 잡히면 엄벌에 처해질 겁니다.

3.
성실하고 진실하면 실력이 된다

새 출발 하실 분들은 내일 검찰로 출두하십시오."

이튿날 자수 의사를 밝힌 소매치기들은 전부 검찰에 출두했고, 그 즉시 모두 구속시켰다. 자수 경위 등을 설명하며 법원에 선처를 호소한 결과 법원이 이를 받아들여 그들은 머지않아 전원 집행유예로 풀려났다. 나는 이들과 힘을 모아 소매치기 소탕 작전에 돌입했다. 소매치기를 검거하는 게 힘든 이유는 범행 현장에서 바로 증거를 확보해야 했기 때문이다. 노련한 소매치기들은 좀처럼 현장에서 들키지 않을뿐더러 만약에 잡히더라도 여간해서 증거를 남기지 않았다. 이들을 검거해 증거를 확보하기 위해서는 전문가인 동료 소매치기들의 협조가 절대적으로 필요했던 것이다. 나는 이들을 통해 소매치기들의 범행 수법과 조직 운영, 활동 지역 등에 대해 세밀히 알게 되었다. 소매치기 조직은 산에 올라 각자 역할을 나눠 바람을 삽고 소매치기를 하는 훈련을 거듭한다고 했다.

이들의 활동 영역은 엄격하게 구분되어 있었다. 소매치기는 사람이 붐비는 곳에서 주로 범행을 저지르지만 당시에는 서민들이 가장 많이 이용하는 버스가 주요 범행 장소였다. 구역을 나눠 A 버스 노선은 A 소매치기단이, B 버스 노선은 B 소매치기단이 관리하며 범행을 일삼았다. 서로의 영역은 절대 침범하지 않는 것이 그들의 규칙이었다. 나는 버스 노선별로 소매치기단의 명단을 작성해 피해 사례 신고를 이에 대입시켜 범인들을 검거했다. 즉 이들이 관리하는 특정 구역 버스 노선을 집중적으로 지키다가 소매치기 한 명을 잡으면 그 구역 담당 소매치기단 전부를 줄줄이 엮어서 검거한 것이다. 이렇게 해서 엄청난 규모의 소매치기단을 검거하는 실적을 올렸다. 영등포 일대에 소매치기들이 다 죽었다는 이야기가 나올 정도였다. 지청장님도 초임 검사의 예상 밖 활약에 깜짝 놀라며 격려를 아끼지 않았다.

유○○ 씨는 손을 씻은 뒤 이발소를 차려 새 삶을 시작했다. 자수한 그의 조직원들도 각자의 삶을 찾아 헤어졌다. 그런데 얼마 후 내가 영등포지청을 떠나 부산지검으로 자리를 옮기면서 그에 대한 관리를 하지 못하게 되자 그때 구속됐던 다른 소매치기단이 앙심을 품고 파놓은 함정에 걸려 그가 그만 변호사법 위반으로 구속되는 일이 벌어졌다. 나중에 이 소식을 듣고 얼마나 가슴이 아팠는지 모른다. 내가 경험이 부족하여 사후 관리를 소홀히한 데서 발생한 안타까운 일이었다. 지금도 그분에 대해 미안한 마음을 금할 수가 없다.

사과 한 광주리와
《목민심서》의 지혜

원칙을 지키되 사람을 바라보는 게 먼저다

　　1976년은 내 인생에 있어 결코 잊을 수 없는 커다란 슬픔이 있던 해였다. 지병으로 고생하시던 어머니가 향년 69세를 일기로 별세하신 것이다. 노환이었다. 요즘이야 한국 여성들의 평균 수명이 85세에 달하지만 1970년대만 해도 65세가량이었다. 40여 년 만에 평균 수명이 무려 20년이나 늘어난 것이다. 평균 수명 이상을 사셨고, 아버지보다 14년이나 더 자식들 곁에 머무르셨음에도 불구하고 어머니의 갑작스런 별세는 커다란 충격이었다.

　　어머니는 완고한 집안으로 시집 와서 가부장적인 아버지의 비위를 맞춰 가며 열두 남매나 낳아 기르느라 모진 고생을 다하셨다. 그 시대 여성들이 대개 그랬듯이 어머니 또한 끝없는 노동과 과도한 가사에 임신 출산 육아를 혼자 도맡아 하며 넉넉지 않은 살림을 꾸려 가기 위해 개인의 행복이나 여자로서의 삶은 포기해야만 했다. 아버지가 돌아가신 이후에는 좀더 편안하게 사실 수 있었지만 자식들이 많다 보니 자식 걱정에 근심을 내려놓을 수가 없었다. 그나마 내가 사법시험에 합격해 검사로 임관한 모습을 보여 드린 것이 유일한 위안이라 할 수 있었다. 지금도 하염없이 기쁨의 눈물을 흘리시던 어머니 얼굴이 눈에 잡힐 듯 선하다.

"홍원아, 참말로 장하대이. 이게 꿈인지 생신지 모르겠구나. 느그 아부지가 봤으면 얼마나 좋아하셨겠노? 이제 나는 죽어도 여한이 없다. 조상님들 뵐 면목이 생겼다 말이다."

생활이 조금 안정되면서 나는 어머니를 모시고 두 동생과 함께 살았다. 대단한 호강을 시켜 드린 것은 아니지만 어머니를 봉양하고 두 동생을 건사할 수 있게 되었다는 게 너무 뿌듯하고 가슴 벅찬 시절이었다. 하지만 어머니는 계속해서 건강이 안 좋아지셨다. 젊어서 너무 많은 고생을 하신 탓이었다. 그런 가운데도 성경을 손에서 떼지 않고 자식들을 위해 기도에 힘쓰면서 신앙생활에 전념하셨다. 어머니의 간절하신 기도는 나의 미래를 방향 짓는 데 큰 힘이 되었으리라 믿는다. 나는 어머니가 건강이 극도로 나빠져 더 이상 사실 수 없을 것 같다는 판단이 들었을 즈음에 이르러 어머니를 구급차로 고향에 모셔다 드렸다. 이후 돌아가실 때까지 몇 달 동안 어머니는 고향에서 큰형님의 보살핌을 받으셨다. 고향에 모셔다 드린 후 서울로 올라오는 나를 붙잡고 어머니가 하셨던 말씀이 내내 가슴에 멍울처럼 남았다.

"나를 두고 가지 말거래이. …나는 홍원이 따라갈란다…."

어머니는 마지막 순간 하나님을 믿는 사람답게 평안한 모습으로 눈

3.
성실하고 진실하면 실력이 된다

을 감으셨다고 한다. 우리는 어머니를 대송리 선산 아버지 산소 옆에 모셔 드렸다. 살아생전 어렵고 힘든 관계였던 남편 옆 양지 바른 곳에 누워 나란히 고향 들판을 바라보고 계신 어머니를 떠올리면 정말 덧없고 알 수 없는 게 인생이라는 생각이 든다. 검사가 되었지만 얼마 되지 않는 월급으로 근근이 살아가던 나는 어머니께 보약 한 첩 변변히 지어 드리지 못했다. 형편이 나아져 호의호식 시켜 드릴 수 있을 때까지 어머니는 나를 기다려 주시지 않았다.

"어머니, 죄송합니다. 조금만 더 사셨으면… 정말 죄송합니다."

그즈음 나는 영등포구 신길동에 살고 있었다. 경제적으로 어려운 사람들이 많이 사는 단독주택 주거지역이었다. 초임 검사로 하루가 어떻게 지나갔는지도 모를 만큼 분주하게 지내던 어느 날 저녁 집으로 한 동네 아주머니가 찾아왔다.

"어쩐 일이십니까?"

"저기… 검사님께 부탁드릴 일이 있어서요. 실은 제 아들이 절도범으로 구속이 됐는데, 검사님이 담당이십니다. 그 애가 절대 나쁜 애가 아니고, 일시적으로 잘못을 저지른 거니까 제발 좀 선처를 해주십시오. 천성적으로 아주 착한 녀석인데, 순간적인 충동을 참지 못해 그런 짓을 저지르고 말았어요. 한 번만 선처해 주시면 다시는 나쁜 짓 안 하고 착실하게 살도록 하겠습니다."

"아, 네. 제가 일단 무슨 일인지 알아보겠습니다."

이튿날 아침 나는 출근하자마자 그 중년 부인의 아들 사건 서류를 가져다 검토했다. 10대 청소년인 데다가 초범이고 절도 내용도 가벼운 것이었다. 불러다가 이야기를 했더니 자신의 잘못을 충분히 뉘우치고 있었다. 아이 어머니의 호소가 아니더라도 그 정도면 용서해 줄 만했다. 나는 아이에게 단단히 다짐을 받은 후 기소유예로 석방시켜 주었다.

그로부터 며칠이 지나고 나서 퇴근해 집에 들어갔더니 사과 한 광주리가 놓여 있었다.

"이게 웬 사과야?"

"지난번에 아들 때문에 찾아왔던 아주머니가 꼭 감사하다고 전해 달라며 주고 가셨어요."

나는 검사 일로 너무 바빠 살림을 할 수 없었기에 알고 지내던 친척 여자아이 한 명을 집에 들여 밥도 하고 빨래도 하게 했다. 낮에 내가 집에 없을 때 그 아주머니가 감사의 표시로 사과 한 광주리를 두고 간 모양이었다. 아이는 별것 아니라 생각하고 받아 둔 것이다.

"이런 걸 받으면 어떡하니? 아니, 우리는 사과 하나 못 사 먹을 사람들이 아니잖니? 내일 다시 돌려 드리도록 해라. 검사가 사건과 관련해서 이런 걸 받으면 안 되는 거야. 알겠니?"

"네, 알겠습니다. 잘못했습니다. 사과를 돌려 드릴게요."

나는 친척 아이를 나무랐고, 그 아이는 중년 부인을 찾아가 사과 광주리를 돌려주었다.

그 일이 있은 뒤 길에서 우연히 동네 반장을 만나게 되었다. 그는 조심스레 입을 열었다.

"저, 검사님… 사과 말씀인데요. 그 아주머니가 검사님이 선처해 주셔서 아들이 풀려났다고 너무 감사하다며 자기 딴에는 정성을 다해 사

3.
성실하고 진실하면 실력이 된다

과 한 광주리를 갖다 드린 건데… 검사님께서 다시 돌려주시는 바람에 지금 그 아주머니가 크게 상심해 있습니다. 선물이 너무 변변치 않아서 그냥 돌려보낸 거라고 생각하더군요. 이거 참, 어쩌면 좋을지 모르겠습니다."

"네? 아니 그게 무슨 말씀이신지… 선물이 적어서 돌려보낸 게 아니라 아무리 작은 거라도 받아서는 안 되기에 돌려 드린 겁니다. 그런 오해가 생겼군요."

반장의 이야기를 전해 듣고 나는 깜짝 놀랐다. 곰곰이 생각해 보니 그럴 수도 있겠다는 생각이 들었다. 하지만 내가 한 일이 잘한 일이라 여겨지는데, 다시 가서 사과 광주리를 받아 오는 것도 마음에 맞지 않았다. 고민이었다.

얼마 뒤 나는 조선 후기의 실학자 다산 정약용이 목민관이 시켜야 할 지침을 밝히면서 관리들의 폭정을 비판한 저서인 《목민심서》를 읽다가 다음 구절을 발견하고 무릎을 쳤다.

> 목민관이 자기가 다스리는 사람이 농사지어 가져오는 것은 받으라. 다만 답례를 하라.

백성들 입장에서 관리들의 부패와 실정을 낱낱이 고발하고 신랄하게 책망했던 다산 선생도 이런 문제로 많은 고민을 했던 것 같다. 자신이 목민관으로 있는 고을의 백성들이 직접 땀 흘려 농사를 지어 수확한 농작물을 성의 표시로 가져왔을 경우 이를 매정하게 물리치지 말고 감사한 마음으로 받되 꼭 그에 따른 답례를 하는 것이 지혜로운 행동이라는 가르침이었다. 나는 이것이 바로 내가 처한 곤란한 상황을 해결할 수 있는 모범 답안이라고 여겼다. 그때 내가 그 사과를 감사하게 먹고, 배를 한 광주리 사서 보냈으면 서로 부담 없는 아름다운 모습이 되었을 일이었다.

    나는 그 뒤 비슷한 일이 있을 때마다 다산 선생의 가르침대로 따르려고 노력했다. 검사로서 원리원칙을 지키는 건 매우 중요한 일이지만 그에 앞서 사람의 마음을 헤아리는 게 우선이라는 다산 선생의 가르침은 공인으로서 살아가는 데 있어 큰 깨달음을 주었다.

〈울고 싶어라〉
가수 이남이 씨와의 인연

법과 법 사이에도 따뜻한 인정과 감성이 있다

서울지검 영등포지청에서 3년 정도 일하던 나는 부산지검으로 발령을 받아 내려갔다. 검사가 되어 부산 땅을 다시 밟게 된 소감은 남달랐다. 형님들 밑에서 초등학교와 중학교를 다니던 어린 시절이 떠올랐다. 그 사이 부산 풍경은 몰라보게 변해 있었다. 오랜만에 옛 친구들도 만났다. 고향에 온 기분으로 1년가량 일했을 무렵 나는 마약 사건을 전담하게 되었다. 부산에서는 마약인 히로뽕의 확산으로 골머리를 앓고 있었다. 근본 원인은 일본이었다.

'히로뽕'은 '필로폰'의 일본식 발음이다. 대일본제약주식회사가 만든 각성제 '메스암페타민'의 상품명인데, 우리나라로 들어오면서 일반명사처럼 변했다. 메스암페타민을 처음 발견한 사람은 일본 도쿄대학 의학부 나가이 나가요시 교수였다. 그는 1888년 한방에서 천식 약으로 사용되던 마황으로부터 에페드린을 추출하는 과정에서 이를 발견했다. 히로뽕이 인체에 들어가면 대뇌에 대한 강력한 흥분작용을 일으킨다. 이를 남용하는 사람에게는 불면이나 환각 등 매우 위험한 중독현상이 나타난다. 제2차 세계대전을 일으킨 일본은 전쟁의 확산과 군수물자 조달을 위해 군수품 공장에서 일하는 사람들과 야간작업을 하는 노동자들 그리고 폭탄이 장착된 비행기를 몰고 자살 공격을 감행한 가미카제 특공대원들에게 히로뽕을 먹였다는 설이 있다. 잠이 잘 오지 않고 피로를 느끼지 않으며 두려움이 사라지기 때문이었다.

전쟁이 끝난 뒤 일본에는 히로뽕에 중독된 정신병자들이 즐비하게 나타났다. 병원에서 제대로 치료를 받더라도 재현증상이 나타나 문제를 일으켰다. 환각제를 남용한 경우, 치료를 받고 이를 복용하지 않아도 환각을 반복해 경험하는 '플래시백flash back'이 나타나는데, 이를 재현증상이라고 한다. 이런 사람들에게서는 의처증, 추적망상, 관계망상 등의 증세가 발생한다. 전후 일본에서는 이로 인해 수많은 사회적 병리현상들이 생겨났다. 외출했다 돌아온 남편이 낮잠을 자고 나서 샤워하고 있는 아내를 보고 외도를 의심해 야구방망이로 때려 죽음에 이르게 한 사건이나 아파트 밖에서 차가 왔다 갔다 하는 것을 보고 자신을 체포하러 온 사람들이라는 추적망상에 빠져 가장 안전한 경찰서에서 보호를 받기 위해서는 죄를 지어야 한다고 생각한 나머지 자기 집에 불을 지른 사건 등이 꼬리를 물고 일어났다.

그러자 일본 경찰은 히로뽕에 대한 단속을 대폭 강화하고, 이를 만들어 판매한 사람에 대한 형량을 크게 높였다. 결국 일본 내에서 히로뽕을 제조하는 일이 어렵게 되자 일본 범죄 조직은 새로운 제조 거점으

3.
성실하고 진실하면 실력이 된다

로 가까운 한국을 선택한 것이다. 일확천금을 노린 사람들이 히로뽕 제조법을 익힌 후 국내에서 히로뽕을 제조해 일본으로 밀반출하면서 한국인들에게도 서서히 히로뽕을 퍼뜨림으로써 일본과 가까운 부산 지역으로부터 점점 히로뽕이 확산되기 시작했다. 특히 한국 사람들은 맵고 짠 음식을 많이 먹기 때문에 히로뽕이 잘 안 맞는다고 알려지면서 한국은 안전지대라는 인식과 함께 단속이 소홀한 틈을 타 택시 기사들과 도박꾼들을 중심으로 히로뽕이 급속하게 퍼져 나갔다.

나는 보건사회부에서 파견된 마약 전담 수사관과 함께 치밀한 계획을 세워 정보 수집과 검거 활동에 주력했다. 거미줄처럼 얽혀 있는 이런 마약 범죄 조직의 특성상 정확한 신고나 정보 제공으로 단서 하나를 캐내면 이를 통해 관련자들이 감자 캐듯 줄줄이 엮여 올라왔다. 1년 동안 무려 120여 명에 달하는 마약 범죄자들을 구속시켰다. 대검찰청에서 1년에 한 번 각 지방 검찰청으로 사무 감사를 나오는데, 부산지검의 마약 범죄 수사 상황을 살펴본 감사 팀에서는 획기적인 성과라며 칭찬을 아끼지 않았다. 일본 경찰도 매년 한 차례씩 부산으로 건너와 히로뽕 수사에 관해 의견을 교환한 뒤 단속을 부탁하고 갈 정도로 관심이 많았다.

1980년 여름이었다. 부산지검에서 다시 서울지검으로 올라와 특수부 검사로 마약 담당을 할 때였다. 하루는 대중음악 밴드로 최고의 인기를 누리고 있던 '사랑과 평화' 멤버 다섯 명이 대마초를 피운 정보를 입수했다. 당시 분위기로는 제 아무리 국민들의 사랑을 한 몸에 받는 가수들이라 해도 마약류인 대마초 흡연 혐의가 밝혀진 이상 엄벌을 피할 수 없었다. 나는 다섯 명 전원을 구속시켰다. 그중에는 베이스 기타를 연주하던 이남이 씨도 포함되어 있었다. 한창 잘 나가던 이들의 구속은 사회적으로 큰 파장을 낳았다. '사랑과 평화'가 1978년에 발표한 1집 앨범 〈한동안 뜸했었지〉와 1979년에 발표한 2집 앨범 〈뭐라고 딱 꼬집어 얘기할 수 없어요〉의 인기는 정말 대단했다. 버스에서도 길거리에서도 어딜 가나 이들의 노래가 들려왔다. 그러나 구속과 동시에 어디서도 이들의 노래를 들을 수가 없었다.

젊은 가수들의 충동적 일탈이었던 데다 초범이고 반성의 기미가 역력하다는 점 등이 참작되어 법원에서는 이들에게 집행유예를 선고해 풀어 주었다. 본의 아니게 젊은 예술인들의 앞길을 가로막은 것 같아 마음이 무거웠던 나도 판결 결과를 보고 마음이 한결 가벼워졌다. 그러던 어느 날 '사랑과 평화' 멤버 다섯 명이 약속도 없이 검사실로 불쑥 나를 찾아왔다.

"아니, 어떻게 된 거예요? 다들 바쁠 텐데 나를 다 찾아오고….."

"대중들의 사랑을 먹고사는 저희가 대마초를 피웠으니 응당 벌을 받아 마땅하죠. 그동안 잘못을 뉘우치고 많이 반성했습니다. 앞으로는 더욱더 음악에 전념하면서 바르게 살도록 노력하겠습니다. 검사님 덕분에 좋은 경험 했습니다. 변함없이 저희를 잘 이끌어 주십시오."

"항의하러 온 줄 알았더니 그게 아니네요? 비 온 뒤에 땅이 더 굳어진다는 말이 있듯이 힘든 일 한 번 겪었으니 앞으로는 좋은 일만 있을 겁니다. 대중들의 사랑도 금방 회복하기 바랍니다. 나도 도울 일 있으면 힘껏 돕겠습니다."

나는 이들의 순수한 모습에 감명을 받았다. 당시 '사랑과 평화'라면

3.
성실하고 진실하면 실력이 된다

요즘 어느 걸 그룹이나 한류 스타 못지않은 인기를 누리던 최고의 가수들이었다. 그런 사람들이 집행유예로 풀려났으면 그만이지 뭐하러 자기들을 구속시킨 나를 찾아와 인사를 하겠는가? 나를 미워하고 원망하지나 않으면 다행으로 여겨야 할 판국에 일부러 찾아와 반성했으니 잘 이끌어 달라고 말하는 건 결코 쉽지 않은 일이었다. 공인으로서 나는 해야 할 일을 한 것이지만 이렇게 순진한 젊은이들의 가슴에 큰 상처를 준 것 같아 다시 한 번 나를 돌아보는 계기가 되었다.

그 뒤 이들과는 별다른 연락이 이어지지 않았다. 나도 각종 사건에 파묻혀 사느라 그때 일을 까마득히 잊고 있었다. 1988년 무렵이었다. 우연히 신문을 보다가 이남이라는 가수의 이름을 발견했다. 원년 멤버에 새로운 멤버를 보강해 재탄생한 '사랑과 평화'의 3집 앨범 〈울고 싶어라〉가 폭발적인 히트를 기록하고 있다는 기사였다. 푹 눌러쓴 빙거지 모자에 특유의 콧수염을 기른 채 웃음을 머금고 있는 사진도 실려 있었다. 특히 기사에는 〈울고 싶어라〉가 이남이 씨가 구속될 당시의 심정을 읊은 것이라는 내용이 들어 있었다. 나는 순간 아찔한 느낌이었다. 그의 노래를 음미하면서 들어보았다. 이남이 씨가 절규하듯 부르는 노래였다. 구구절절 심금을 울리는 가사가 심상치 않았다.

　　　　울고 싶어라

　　　　울고 싶어라 이 마음

　　　　사랑은 가고

　　　　친구도 가고 모두 다

　　　　왜 가야만 하니

왜 가야만 하니 왜 가니

수많은 시절

아름다운 시절 잊었니

떠나 보면 알 거야

아마 알 거야

떠나 보면 알 거야

아마 알 거야

노래를 듣다 보니 눈시울이 붉어졌다. 나는 수소문해서 그에게 전화를 걸었다. 참으로 오랜만에 연락이 닿은 그와 많은 이야기를 나누었다.

"제가 어떻게 〈울고 싶어라〉를 부르게 됐는지 아십니까? 그때 대마초 사건으로 철창신세를 지게 되니까 가깝게 지내던 사람들이 모두 제 곁을 떠나더군요. 정말 허무했습니다. 인생이 이런 건가, 사람이 이런 건가, 엉엉 울고 싶어지더라고요. 그 당시 심정을 멜로디와 가사로 만들어 부른 게 바로 〈울고 싶어라〉라는 노래입니다."

그의 노래 속에는 자신의 일생과 인생의 희로애락이 고스란히 담겨 있었던 것이다.

그 후 그는 법무부 교화위원이 되어 전국 교도소를 찾아다니며 음악과 시를 통해 재소자들을 교화하는 활동을 벌였다. 자신도 한때 실수로 구속된 적이 있었다며 〈울고 싶어라〉를 부른 뒤 구수한 음성으로 설득하면 많은 재소자들이 감동을 받는다고 했다.

30년에 걸친 검사 생활을 마치고 대한법률구조공단 이사장으로 있

3.
성실하고 진실하면 실력이 된다

던 2009년 늦가을이었다. 이남이 씨가 춘천 어느 병원에 입원해 있다는 소식을 듣게 되었다. 그와 같이 교도소를 찾아 교화 활동을 벌이던 허전 시인에게 전화를 걸어 물으니 폐암 말기로 투병 중이라고 했다. 평소에 담배를 너무 많이 피운 까닭이었다. 돈을 좀 마련해서 춘천으로 달려갔다. 그는 앙상하게 야윈 모습으로 병상에 누워 있었다. 그의 손을 잡았다. 따뜻했다.

"아니, 어쩌다가… 자신의 몸을 좀 돌보면서 일을 하셔야지…."

"검사님, 이렇게 먼 길까지 감사합니다."

"빨리 쾌차하셔서 함께 좋은 일 많이 해보십시다. 힘내세요."

그것이 내가 본 그의 마지막 모습이었다. 그로부터 3개월 뒤인 2010년 1월 29일 그는 끝내 세상에 이별을 고하고 말았다.

후일 그와 일했던 허선 시인으로부터 내가 나녀간 뒤 이남이 씨가 내 이야기를 하며 무척 즐거워했다는 이야기를 들었다. 나보다 네 살 아래였던 이남이 씨는 노래만큼이나 순수하고 자유분방한 음악인이었다. 모두가 자기 살기에 바빠 남에게 별로 관심을 두지 않고 살아가는 시대에 그는 우리 가슴에 잃어버린 아름다운 시절을 잊지 말고 회복할 것을 일깨워 주고 떠났다. 검사와 죄인으로 만났지만 나는 그와의 인연을 통해 조금은 인생이 더 성숙해질 수 있었다. 지금도 그가 세상을 떠난 신년 초가 되면 불현듯 그가 부른 〈울고 싶어라〉가 듣고 싶어진다.

48시간도 안 돼
해결해 버린 사건

지금 할 수 있는 일을 나중으로 미루지 말아야 한다

부산지검에서 몇 년 동안 일하던 나는 다른 지역으로 발령받아 옮겨 갈 예정이었다. 그런데 예상과 달리 갑자기 서울지검 특수부로 발령이 났다. 어떻게 된 영문인지 몰라 깜짝 놀랐지만 얼마 후 자초지종을 알게 되었다. 사연인즉 부산지검에서 일하던 검사장이 법무부 차관으로 승진해 서울로 올라가서 검찰 인사를 담당하는 검찰국 간부에게 나를 서울지검 특수부로 데려다가 일을 시키라는 당부를 했다는 것이다. 부산지검에 있을 때 지켜보니 내가 실적도 좋았고 엄정하게 일을 잘 처리하더라는 것이었다. 차관이 검사 인사에 관여하지 않는 원칙을 깨고 한 부탁이나 사심 없는 부탁이라 받아들여졌던 것으로 생각된다. 서울지검 특수부는 검찰 내 요직으로 공직 비리 등 중요한 사건을 내부에서 인지해 수사하는 부서였다. 경찰에서 넘어온 사건을

3.
성실하고 진실하면 실력이 된다

맡아 수사하는 형사부와는 구조가 달랐고, 수사 깨나 한다는 검사들이 많이 모여 있는 곳이었다.

서울로 올라와 특수부 일을 익히고 있던 1981년 6월 어느 날이었다. 오전 10시쯤 차장검사로부터 호출이 왔다. 무슨 일인가 하고 차장실로 갔더니 심각한 표정의 차장검사가 나를 다그쳤다. "장티푸스 예방주사 부작용 사건 보도 봤지? 요즘 학교에서 아이들이 장티푸스 예방주사를 맞은 뒤에 부작용이 일어나 한 명이 사망하고, 여러 명이 병원에 입원해 있다는 보도 말이야. 나라에서 관리를 잘못해서 이런 일이 벌어졌다고 지금 난리잖아. 이거 약에 무슨 문제가 있는 거 아니냐는 의혹이 커가고 있어. 이런 중요한 사건을 의약 전담 검사가 조사해 보지 않고 뭐하고 있는 거야?"

"차장님, 의료의약 전담 검사가 두 달 전에 바뀌었습니다. 지금은 제가 담당이 아닙니다."

"새로 맡은 사람이 뭘 알겠나? 잘 아는 사람이 수사를 해야지, 안 그래? 당장 정 검사가 수사를 맡아서 원인을 철저하게 밝혀내. 급한 거니까 월요일까지 보고하도록 해."

"네… 알겠습니다."

난감했다. 내 담당도 아닌 일을 갑자기 맡은 데다 그날이 마침 토요일이었으니 월요일 아침까지 수사를 마무리하고 보고서를 제출하려면 주어진 시간은 고작 이틀뿐이었다. 나는 곧바로 특수부에 파견 나와 있던 경찰관 두 명과 조사에 필요한 사람들에게 전화를 걸어 퇴근하지 말고 대기하도록 조치했다. 그리고 나서 이들과 함께 관련 자료를 수집해 분석하는 작업에 돌입했다. 토요일 밤을 꼬박 새우고, 일요일 저

녘때쯤 되자 겨우 사건의 윤곽이 그려졌다. 나는 일요일 밤중에 조사를 마무리한 다음 월요일 새벽부터 보고서를 쓰기 시작했다. 지금이야 모든 보고서를 컴퓨터로 작성해 깨끗하게 출력해서 사용하지만 그때는 검사가 일일이 손으로 써서 보고서를 만들어야 했다. 수사도 힘들지만 보고서를 작성하는 일이 여간 어려운 게 아니었다. 반듯한 서체에 호소력 있는 문장 실력을 갖추고 있어야 했다. 서체가 엉망이고 문장력이 좋지 않은 검사들은 보고서 쓰는 일이 고역이었다.

장티푸스 예방주사를 맞고 사망한 학생은 강원도 삼척군에 있는 중학교 1학년 여학생이었다. 이 학생의 부검 결과와 장티푸스 예방주사 부작용에 관한 다양한 사례, 그리고 의약품 제조와 인가, 제품의 성분과 특성 등에 대해 종합적으로 조사하고 분석한 결과 장티푸스 예방주사 약에 문제가 있는 게 아니라는 결론을 얻었다. 사망한 학생의 정확한 사인은 다른 데 있었다. 그럼에도 불구하고 이 사건이 크게 보도되면서 이슈가 되자 다른 학생들이 과민하게 반응하면서 부작용이 생겨나고 확산된 것이었다. 병원에 입원했던 다른 학생들은 별다른 증상 없이 모두 며칠 뒤에 퇴원한 상태였다. 심리적 요인이었던 것이다. 나는 관련 자료와 증거를 첨부해 내사 결과 보고서 작성을 마쳤다. 서서히 동이 트고 있었다. 월요일 아침 간부회의 참석자는 10여 명 정도였다. 나는 보고서를 넉넉히 복사해 준비해 놓은 다음 화장실로 가서 간단하게 고양이 세수를 하고 차장검사의 호출을 기다렸다.

'과연 차장검사님이 나를 호출하실까? 설마 토요일에 조사를 지시해 놓고 정말로 월요일 아침에 결과를 내놓으리라 생각한 건 아니겠

3.
성실하고 진실하면 실력이 된다

지? 그냥 한번 해본 말씀인지도 몰라.'

긴가민가한 심정으로 자리에 앉아 꾸벅꾸벅 졸고 있는데, 요란하게 전화벨이 울렸다.

"정 검사, 지금 바로 보고서 가지고 검사장실로 올라와서 보고해."

"네, 알겠습니다!"

시계를 보니 아침 10시였다. 나는 검사장실로 들어가 보고서를 배포한 다음 간부들 앞에서 장티푸스 예방주사 부작용 사건 수사 결과를 보고했다. 묵묵히 듣고 있던 검사장이 말했다.

"명쾌하군. 보고서 남는 거 더 있나? 이리 한 부만 줘 봐."

"여기 있습니다. 검사장님!"

수사 보고를 들은 검사장은 서둘러 간부회의를 마친 뒤 보고서를 챙겨 직접 검찰총장실로 향했다. 1시간쯤 지나 집무실로 돌아온 검사장은 차장검사를 불러 말했다고 한다.

"다들 수고 많았어요. 총장님이 굉장히 만족스러워 하시더군. 이거 알고 보니 토요일에 총장님께서 대검하고 서울지검 두 군데에 다 수사 지시를 하신 모양이에요. 우리가 내사 보고서를 가지고 가서 말씀을 드리니까 총장님께서 대검은 어찌 됐냐고 물으시더라고. 그런데 대검은 내사 보고서는커녕 아직 내사 시작도 안 했다는 거예요. 총장님이 조사를 지시하신 게 토요일이라 주말 보내고 오늘부터 시작하려고 했다는 거지. 같은 날 같은 지시를 했는데, 서울지검에서는 조사를 마치고 보고서를 제출했고, 대검에서는 시작조차 하지 않았으니 어떻게 됐겠어요? 대검이 총장님께 심하게 야단을 맞았지. 반면 서울지검은 총장님께서 칭찬을 대단히 많이 하셨어요."

"서울지검이 대검을 무색하게 만들어 미안하게 되었군요."

대검은 내가 작성한 내사 보고서를 토대로 진상을 알리는 조치를 취함으로써 장티푸스 예방주사 부작용 사건으로 흉흉했던 세간의 민심을 진정시킬 수 있었다. 이 일은 검찰 내에 삽시간에 알려졌다.

"앞으로 정 검사에게 맡기면 일이 해결되겠구먼."

서울지검 특수부는 워낙 일이 많은 부서라 힘이 들기에 돌아가면서 배치되는 게 관례였는데, 나는 이 일로 인해 쉽사리 다른 부서로 옮길 수가 없었다. 특수부장으로 부임하는 분들이 계속해서 나를 데리고 일하기를 원했기 때문이다. 나는 서울지검에 근무하는 3년 2개월 중 3년을 특수부에서 떠나지 못했다.

1974년 검사로 임관할 때 사법시험 14회 동기들 중 29명이 함께 검사로 출발했으나 이때부터 나는 동기들 가운데 항상 맨 앞에 서는 영광을 누렸다. 장티푸스 예방주사 부작용 사건 수사 결과를 보고할 때 간부회의에 참석했던 선배 검사들이 나중에 다 검찰 요직에 배치되면서 나를 불러다 일을 시키기도 하고, 나에 대한 평가를 후하게 매기며 전폭적으로 신임해 준 것이다. 서울대 법대 졸업생들이 주류인 검찰에서 아무런 학연이나 지연도 없이 오로지 사범학교를 나와 야간대학을 졸업한 이력이 전부였던 내가 이렇게 사람들로부터 인정을 받을 수 있었던 건 순전히 맡은 일을 묵묵하고 충실하게 해낸 정직과 실력, 그 것뿐이었다.

내가 서울지검을 떠나 법무부 법무과에 가서 기획 일을 맡게 된 것도 내가 모신 한 부장검사의 추천 때문이었다. 후에 법제처장을 역임한 바 있고 신망이 두터웠던 송종의 부장검사가 내가 서울지검을 떠날

3.
성실하고 진실하면 실력이 된다

때가 되자 자신이 전에 근무했던 법무부를 찾아가 정 검사가 뛰어난 수사 능력을 발휘했으니 이제는 기획 일을 배우게 하는 게 좋겠다고 건의함으로써 나를 법무부로 발령이 나게 한 것이다. 법무과장을 지낸 그분의 추천 덕에 나는 변호사 업무와 공증 업무, 국적 업무 등을 주로 다루는 법무부 법무과에 가서 일할 수 있게 되었다. 나를 부산지검에서 서울지검으로 발령받게 해준 차관이나 송종의 부장은 모두 나와 지연, 학연, 혈연 그 어떤 것으로도 아무런 인연이 없는 사이였다. 그저 말없이 맡은 일에 최선을 다하던 나를 지켜보다가 자발적으로 추천해 준 것이다. 이 일로 평판이란 땀의 결과라는 걸 확실히 알게 되었다.

매년 검찰 정기 인사 때가 되면 누가 어디로 가고, 누가 승진을 하는지 초미의 관심이 된다. 그때마다 나는 후배들에게 신경 쓰지 말고 일이나 하라며 이런 이야기를 들려주있다.

"학연이니 지연이니 하면서 어디 줄 서고 백 쓸 생각하지 마라. 내부에 있는 백이 최고의 백이다. 함께 일하는 사람들로부터 인정받는 게 제일이라는 말이다. 실력을 기르는 게 우선이다. 실력만 있으면 학연 지연 다 없어도 된다. 나를 봐라. 내가 바로 그 증거 아니냐?"

수많은 화제를 뿌린
대도 조세형 탈주 사건

인생은 첫걸음을 어떻게 떼느냐가 중요하다

　　1983년 4월 14일 오후 3시, 대도로 불리던 조세형이 법원 구치감을 탈주하는 사건이 발생했다. 온 나라가 발칵 뒤집혔다. 절도 전과 11범으로 장안에서 가장 큰 도둑으로 소문난 그가 동대문경찰서 형사대에 체포된 것은 1982년 11월이었다. 그가 붙잡히자 신문에서는 앞다투어 그의 이름을 세상에 알렸다. 체포 당시 경찰이 그의 집에서 압수한 각종 보석류와 최고급 외제 시계는 마대자루 두 대 분량이었다. 압수품 중에서 가장 주목을 받은 건 물방울 모양과 보트 모양으로 절삭한 엄청난 크기의 다이아몬드였다. 수사 과정에서 그가 주로 고위 관료나 부잣집만 골라 절도를 일삼았다는 점, 피해를 당한 집에서 오히려 쉬쉬하며 도난 사실을 숨기려 했다는 점, 그가 서울역 노숙자나 걸인 등에게 훔친 돈의 일부를 나눠 줬다는 점 등이 화제로 연일 언론

3.
성실하고 진실하면 실력이 된다

　의 톱뉴스를 장식했다. 언론의 추측성 기사와 사람들의 호기심에 힘입어 그는 한국의 '장발장'이나 '괴도 뤼팽' 혹은 '빠삐용'에 비유되기도 했고, '큰 도둑', '의로운 도둑'이라는 뜻을 가진 '대도大盜', '의도義盜'라는 별명까지 얻게 되었다.

　내가 조세형 탈주 사건을 담당하게 된 것은 그야말로 우연이었다. 구속 영장이 집행된 사람들은 구치소에서 교도관의 호송 아래 검찰과 법원을 오가며 수사와 재판을 받기 때문에 검사는 교도관을 시켜 조사할 구속피의자를 불러다가 조사를 진행하게 된다. 조세형이 탈주하던 날 나는 교도관들이 데리고 올 구속 피의자를 기다리고 있었다. 그런데 소환한 시간보다 2시간이 지나도록 교도관들이 나타나지 않았다. 무슨 일인지 알아봤더니 구치감에서 희대의 탈주 사건이 발생했다고 했다. 나는 급히 상황을 파악해 부상검사에게 보고했다. 부상검사 역시 곧바로 검사장에게 보고를 했고, 보고를 받은 검사장이 맨 처음 사건을 인지하고 보고한 나에게 결자해지하라면서 사건 수사를 지시한 것이다.

　탈주하기 전 그에게는 이례적으로 무기징역에 보호감호 10년이라는 중형이 구형되었다. 1983년 1월 26일 그는 법원에 제출한 자필 탄원서에서 자신의 억울한 심정을 호소했다.

　"저는 세상 사람이 화제로 삼는 물방울 다이아 등 도둑질을 많이 했으나 피해자는 물론 다른 사람의 피 한 방울도 흘리게 한 적이 없습니다. …그런 저에게 이처럼 가혹한 중형을 구형하는 것은 옳지 않습니다. …장발장은 18년의 징역형으로도 교화되지 못했습니다. 제가 어려서부터 지금까지 16년 동안이나 교도소 생활을 한 것을 참작해 주십시오."

운명과 경주를 한
정홍원 스토리

 이런 상황 속에서 그가 탈주까지 하게 되자 확인되지도 않은 이야기들이 마구 부풀려져 떠돌게 되었다. 시간이 지날수록 그는 절도범이 아니라 의적으로 변해 갔다. 수사를 맡은 나는 사건의 진상을 빨리 밝혀 처벌할 사람은 처벌하고, 오해가 있는 부분은 이를 해명함으로써 걷잡을 수 없이 번져 가는 의혹들을 불식시켜야만 했다. 그는 서울지방법원에서 열린 자신의 구형 공판에 출석했다가 구치소로 이송되기 전 구치감에 잠깐 머무는 사이 낡은 창문을 밀쳐 내고 나가 지붕을 타고 간 후 담을 넘어가 이웃해 있는 건물을 통해 유유히 사라진 것으로 조사되었다. 영화에서 봤던 것처럼 짧은 시간 안에 전광석화처럼 이루어진 대도다운 담대한 수법이었다. 그가 붙잡히기 전 나는 현재의 서대문형무소역사관인 옛 서울구치소에서 두문불출하며 교도관들을 상대로 내사를 벌인 결과 세간의 흉흉한 소문처럼 그에게 귀금속을 절도당한 높은 사람들이 이런 사실이 드러나는 게 두려워 치밀한 계획하에 그의 탈주를 도운 건 아니라는 중간 결론을 얻었으나 탈주범이 검거된 후 확인을 거쳐 최종 수사 결론을 짓기로 했다.
 그가 탈주한 지 엿새째 되던 4월 19일 오전 10시, 퇴계로 6가 부근에서 조세형을 봤다는 시민의 신고가 경찰에 들어왔다. 즉시 출동한 경찰에 쫓기던 그는 자신이 자주 범행 대상으로 삼아 지리에 익숙했던 장충동 쪽으로 달아나 한 민가로 숨어들었다. 다급해진 그는 한 대학생을 인질로 삼아 대치하다가 경찰관이 쏜 권총 두 발을 맞고 붙잡혔다. 그는 다행히 총알이 귀를 스치는 정도의 부상만 입어 간단한 치료를 받은 뒤 빠르게 회복되었다. 그러나 서울구치소에 다시 수감된 그는 쇼크를 받아서인지 탈진 상태에 빠져 있었다. 나는 그의 절도 사건

3.
성실하고 진실하면 실력이 된다

수사를 담당했던 형사부 소속 계장에게 부탁해 그를 설득하도록 했다. 마음을 안정시켜 수사를 빨리 끝내야 했기 때문이다.

"계장님이 조세형 수사를 하면서 관계가 좋았으니까 먹을 것 좀 사 가지고 가서 마음을 달래 주시고, 정 검사가 대단히 훌륭한 검사이니 마음을 털어놓고 이야기하라고 설득해 주십시오. 마음이 안정되면 내가 찾아가서 조사를 시작하겠습니다. 조세형이 입을 열도록 선무 작업을 해주십시오."

"알겠습니다, 검사님. 그렇게 하겠습니다."

나는 그날 밤 10시쯤 서울구치소로 가서 그를 만났다. 초췌하고 불안한 모습이었다.

"안녕하십니까? 정홍원 검사입니다. 몸은 괜찮으신가요? 나하고 이야기 좀 나누실까요?"

이미 나에 관해 알고 있던 터라 그는 마음속에 신뢰가 있었는지 조금씩 입을 열기 시작했다. 그러나 얼마 뒤 이내 지친 듯 더 이상 입을 열지 않았다.

"…피곤합니다. …좀 자야겠어요."

그는 자리에 누워 잠을 청했다. 정말 잠이 든 것인지 나를 상대하기 싫어서인지 알 수 없었다. 나는 서울구치소에서 밤을 지새우며 그가 깨어나기만을 기다렸다. 새벽녘이 되어서야 일어난 그는 다시 입을 열기 시작했다. 그의 탈주는 사전에 치밀하게 계획된 것이었다.

"전과도 많고 절도 건수나 액수도 많아 이번에 교도소에 수감되면 언제 나올지 기약이 없다 생각해서 탈주해야겠다고 마음먹었습니다.

서소문에 있는 서울지방법원 구치감은 지은 지 오래된 건물이라 낡아서 탈주가 용이했습니다. 1층은 교도관 사무실이고, 2층은 재판받을 사람들 대기실입니다. 법정에 갔다가 돌아오면서 교도관에게 수갑을 찬 손이 끼어서 아프다며 조금 느슨하게 풀어달라고 해서 수갑을 헐겁게 만든 다음 구치감 방으로 돌아와 한쪽 손을 빼냈지요. 수갑이 달린 다른 손은 손수건으로 둘둘 말았습니다. 창틀을 밀쳐서 빠져나간 다음 기와지붕을 타고 바로 담을 뛰어넘으면 한일병원입니다. …어둑해진 데다가 마침 비가 내리고 있어 밖으로 나오니 죄수복을 입고 있었는데도 사람들이 관심이 없더군요. 신촌에서 옷을 훔쳐 입고, 돈을 훔쳐 영동시장에서 쇠톱을 사다가 근처 건물 화장실에 가서 수갑을 잘라 냈습니다. 수갑은 리버사이드호텔 인도 부근 하수구에 버렸어요. 새 옷을 사서 갈아입은 후 도피에 들어간 겁니다. 사람들 많은 곳이 오히려 더 안전하기 때문에 시골이나 산으로 가지 않고 서울에 숨어 있었던 거고요."

그때 그는 마흔다섯 살이었지만 아직 미혼이었다. 경찰에 체포되기 전 우연히 들른 강남 어느 술집에서 한 여자를 만나게 되었는데, 난생처음 이성에 끌리게 된 그는 그녀에게 푹 빠지고 말았다고 한다. 하지만 그녀는 그의 마음도 몰라주고 일자리를 찾아 홍콩으로 떠나 버렸다. 그는 크게 한 번 도둑질을 해서 목돈을 가지고 남미로 건너가 노랫말처럼 푸른 초원 위에 그림 같은 집을 짓고 그녀를 불러 평생 행복하게 살 꿈을 꾸게 되었다고 했다. 그러나 경찰에 붙잡히면서 그의 모든 계획은 수포로 돌아가게 된 것이다.

그는 지하도 계단에서 구걸하고 있던 걸인에게 돈을 조금 준 적이

3.
성실하고 진실하면 실력이 된다

있는데, 이 일이 미화되어 대도니 의도니 하는 말까지 듣게 된 것이었다. 언론의 가장 큰 의혹으로 논란이 된 사실은 진상이 드러날 것을 두려워한 누군가가 공작을 해서 조세형을 빼냈다는 것이었는데, 그것이 사실이라면 조세형 자신이 수갑을 잘라 낼 필요가 없었을 것이라는 결론에 따라 수갑을 증거로 확보한 다음 그의 증언을 토대로 수사 결과를 발표하고 언론에 자료를 배포했다. 요란하던 신문들이 조용해지면서 한없이 부풀려지던 세간의 의혹들도 해소되었다.

나는 수사 과정에서 그와 많은 대화를 나누었다. 수사하는 사람과 죄를 지은 범인이 오랜 시간 만나 이야기를 나누다 보면 뭐라고 표현하기 힘든 정이 들게 마련이다. 우리 사이에도 그런 게 있었다. 마지막 조사를 마치고 나서 나는 그에게 이렇게 말했다.

"조세형 씨는 오래 구금생활을 해야 할 겁니다. 시간을 유익하게 보내면서 새 삶을 사십시오. 그리고… 이건 사식을 먹는 데 쓸 약간의 돈이고, 이건 성경책입니다. 시간 날 때마다 다른 거 하지 마시고 성경책 많이 읽으십시오."

그 뒤 그는 교도소에 있으면서 내가 준 성경책을 네 번이나 읽고 나서 자신의 죄를 회개한 다음 크리스천이 되었다고 했다. 착실하게 수감생활을 한 덕에 감형을 받은 그는 1998년 11월 꼬박 15년 만에 세상 속으로 다시 나왔다. 그때 나는 그를 불러 진심으로 위로하고 격려해 주었다. 그는 다시는 범죄에 발을 들이지 않고 신앙인으로 거듭나겠다고 다짐하며 사설 경비 업체 자문위원으로 활동하면서 범죄 관련 강연을 하는가 하면 여러 교회를 다니며 간증 집회도 가졌다. 결혼도 하고 아이도 출산했다며 내게 자랑하기까지 해서 완전히 새사람이 된 것 같아 기쁘기 그지없었다. 광주지방검찰청에서 검사장으로 일할 때는 간증차 광주에 왔다가 나를 찾아오기도 했다.

그러던 그가 시간이 지나면서 이상한 방향으로 발을 들여놓기 시작했다. 2001년 일본으로 건너가 대낮에 빈집털이를 하다 검거되어 현지에서 수형생활을 했고, 한국으로 돌아와서도 좀도둑질 버릇이 재발하여 2016년 3월 78세의 고령에도 불구하고 또다시 도둑질을 하다 체포되고 말았다. 누구도 그를 옹호하는 사람은 없었다. 그는 그냥 늙은 잡범일 뿐이었다. 너무도 안타까웠다. 아무래도 가정 때문에 재차 범죄에 손을 대게 된 것 같았다.

그는 한 언론과의 인터뷰에서 자신은 어릴 때부터 고아원에서 성장했으며, 구타와 폭력을 견디지 못해 일곱 살 때 고아원을 뛰쳐나온 직후 너무 배가 고파 구멍가게에서 두부를 훔치면서 도둑질을 시작하게 되었다고 토로한 바 있다. 불우한 환경과 배고픈 현실이 자신을 도둑으로 만들었다는 것이다. 그렇게 시작한 도둑 인생이 70년 넘게 이어지고 있는 셈이다. 그러나 이것이 그에게 면죄부가 될 수 없음은 자기 자신도 잘 알고 있을 것이다. 그보다 더 어려운 처지에도 불굴의 의지로 고난을 극복하고 자신의 행복을 찾거나 남들을 도와 가며 살아가는 사람이 많기 때문이다. 그래서 인생은 첫걸음을 어떻게 떼느냐가 중요한 법이다. 쉽고 간단하지만 결국은 자신을 망치는 길로 들어서느냐, 아니면 힘들고 고단하지만 끝내 자신을 반듯하게 세워 주는 길로 들어서느냐 하는 것은 오로지 자신의 선택에 달려 있다. 이에 따른 책임 역시 전적으로 자신이 져야만 하는 게 바로 인생이다.

사회적으로 많은 관심을 받고 있던 사람이었기에 그를 잘 교화시켜

3.
성실하고 진실하면 실력이 된다

새로운 인생을 살게 만들었을 경우 비슷한 처지에 놓인 사람들이나 교도소에서 복역 중인 재소자들에게 큰 귀감과 모범이 될 수 있으리라 생각해 나로서도 각별한 관심을 가지고 선도하려 했었는데, 끝내 첫발을 들여놓았던 곳으로부터 벗어나지 못하는 걸 보면서 내가 좀더 신경을 쓸 수 없었을까 하는 후회와 함께 인간적인 연민의 정을 가눌 수 없다.

○ 나는 검사장으로 승진하는 순간부터 언젠가 때가 되면 내가 온 힘을 다해 올랐던 자리에서 내려와야 할 순간이 있으리라 생각했다. 어쩌면 내 인생의 전부라 해도 과언이 아닐 내 공직 생활을 마무리해야 할 그때가 되면 나는 아무런 미련 없이 의연하고 당당하게 내려오리라 결심했다. 인생이라는 무대에서 멋있는 퇴장은 화려한 스포트라이트를 받으며 시작하는 입장보다 훨씬 더 중요하다고 생각했기 때문이다.

4장

옳고 바른 길로 나아가면
삶의 보람과 만난다

이철희 장영자 어음 사기 사건과 수서 비리 사건

돈은 수단일 뿐 결코 목적이 될 수 없다

특수부 검사로 일하는 동안 인정받고 신임을 얻는 건 좋은데, 도무지 마음 편히 쉬거나 긴장의 끈을 놓을 수가 없었다. 국민들의 관심이 지대한 큰 사건이 벌어지면 일주일에서 보름가량 잠을 제대로 못 자는 일이 허다했다.

"부장님, 이제 저를 좀 형사부나 공판부로 보내서 규칙적인 생활을 하며 쉴 수 있게 해주십시오."

그 탄원이 받아들여져 잠시 공판부로 옮겨 두어 달쯤 숨을 돌리고 있는데, 이철희 장영자 어음 사기 사건이 터졌다. 1982년 봄이었다. 이 사건은 대검찰청 중앙수사부에서 담당했다. 나는 대검 중수부로 차출되어 수사 팀에 합류했다. 이로부터 몇 개월 동안은 꼼짝도 못하고 이 사건 수사에만 매달려야 했다.

온 나라를 떠들썩하게 만든 이 사건은 의외로 단순한 사기 사건이었다. 장영자는 국회의원과 중앙정보부 차장을 지낸 남편 이철희를 배경으로 삼고 외모와 언변을 무기로 고위층과 긴밀한 관계를 과시한 다음 자금난에 시달리는 기업들에 접근해 좋은 조건에 자금을 지원해 주는 대가로 무려 두 배에서 최고 아홉 배나 되는 어음을 받아 이를 사채시장에 할인해 다른 회사에 빌려주거나 주식에 투자하는 등 사기행각을 벌인 것이다. 이런 과정을 통해 이들 부부는 1981년 2월부터 1982년 4월까지 7,111억 원에 달하는 어음을 받아 냈고, 6,404억 원에 달하는 자금을 조성하였다. 이들 부부의 사기행각은 일반인의 상상을 훨씬 초월하는 규모였다. 5월 4일, 대검 중수부는 외국환관리법 위반혐의로 이철희 장영자 부부를 구속했다.

사건을 수사하며 내가 만난 장영자라는 여인은 마치 다른 세계에 살고 있는 사람처럼 세상물정을 전혀 몰랐다. 이런저런 심문을 하는 중에 그녀의 현실과 괴리된 사고에 하도 기가 막혀 내가 그녀에게 물어봤다.

"도대체 검사 월급이 얼마나 될 것 같습니까?"

당시 평검사 월급은 대략 50여만 원 수준이었다. 그런데 그녀의 대답이 가관이었다.

"검사 월급이면… 한 1,000만 원은 되지 않겠어요?"

이런 식이었다. 그녀에게는 도무지 경제관념이란 게 없는 듯했다. 뭐든지 일반인들이 상상하는 금액에 최소한 '0'이 하나는 더 붙었다. 누가 자기에게 인사를 하러 오면 거마비 조로 건네는 돈이 100만 원이었다는 말이 나올 정도였다. 내 두 달치 월급 정도를 거마비로 주었다는 셈이다.

4.
옳고 바른 길로 나아가면 삶의 보람과 만난다

워낙 큰 사건이라 검사 10여 명 이상이 이 사건을 담당했다. 하지만 그녀는 어느 누구에게도 호락호락 대해 주지 않았다. 워낙 불성실한 태도로 일관해 제대로 된 답변 하나를 받아 내기가 어려웠다. 나는 어떻게 하면 그녀로부터 성실한 답변을 받아 낼 수 있을까를 연구했다. 마침 그녀는 나와 동갑이었다. 나는 박카스 몇 병을 사가지고 조사실로 들어갔다.

"당신이랑 나랑 동갑이니까 우리 힘들게 하지 말고 허심탄회하게 다 이야기합시다."

소탈하게 접근한 방식이 통했는지 그녀는 속내를 많이 털어놓았다. 실체적 진실을 밝히는 데 많은 도움을 얻을 수 있었다. 가끔은 내게 그녀가 먼저 박카스를 사달라고 말하기도 했다.

'건국 이후 최대 규모의 금융사기 사건'이라 불린 이 사건으로 징계와 경제계는 물론 사회 각 분야에 엄청난 파문이 일어났다. 내가 수사에 참여하면서 느낀 장영자 사건의 실체는 이런 것이었다. 그녀는 그 전에 주식 투자를 하여 돈을 좀 번 경험이 있었다. 그 경험을 바탕으로 돈을 빌려서라도 대규모 자금을 마련, 주식을 왕창 사들이면 주가가 치솟을 것이고 그때 주식을 내다 팔면 차입한 돈을 갚고도 큰 차익을 남기게 되어 부자가 될 수 있다고 판단한 것이다.

그래서 인맥 등을 활용하여 많은 자금을 마련한 후 주식을 대량 구입한 결과 일시적으로 주가가 상승한 것은 사실이나 시장 규모가 작았던 당시로서는 주가 사승이 그녀의 주식 대거 매입 때문이라는 사실이 금방 소문나면서 위험 부담을 느낀 사람들이 주식을 대거 매도함으로써 금방 주가가 폭락하고 만 것이다.

그로 인해 채무 변제 독촉에 시달리게 되면서 경제적 파탄에 빠질 우려가 커지자 그녀는 자신의 신분을 과시하면서 금융기관으로부터 다시 거금을 차입하거나 대기업 어음을 활용하는 등의 방법으로 임기응변을 하려 하였으나, 오히려 채무가 눈덩이처럼 불어나면서 규모가 작았던 당시의 국가 경제에 치명상이 되는 결과를 초래하고 만 것이었다.

그녀는 "경제는 유통이다"라는 말로 항변했지만 자신이 불법 유통시킨 어음이 한 바퀴 돌아 이를 발행한 기업으로 되돌아왔을 때 도저히 감당할 수 없던 기업들은 줄줄이 부도를 내고 무너져 내렸다. 당시 철강업계 2위였던 일신제강과 도급 순위 8위였던 공영토건이 부도가 났고, 은행장과 기업체 간부들을 포함해 30여 명이 구속되었으며, 여당인 민주정의당의 사무총장이 물러나고, 법무부 장관이 두 차례나 교체되었다. 이 사건으로 우리나라에서 처음으로 금융실명제 논의가 본격화되기 시작했다.

그러나 국민들은 의혹의 시선을 거두지 않았다. 사기로 모은 돈으로 호화 생활을 일삼아 공분을 사던 장영자가 전두환 대통령의 처삼촌인 이규광 씨의 처제였기 때문이다. 현직 대통령의 인척이라는 배경을 바탕으로 이루어진 사기 사건이었기에 배후에 청와대가 있는 게 아니냐는 의심을 받은 것이다. 집권 초기부터 정통성 문제로 곤혹을 치르던 제5공화국 정부는 이 일로 큰 오점을 남기게 된다. 그러나 이는 감정적 차원의 의혹이었을 뿐 범죄의 실체적 진실은 아니었다. 재판 결과 이들 부부에게는 법정 최고형인 징역 15년이 선고되었고, 이철희가 먼저 가석방된 뒤 장영자는 복역 10년 만에 역시 가석방으로 풀려났다.

그리고 가석방으로 출소한 지 얼마 되지 않은 1994년 다시 100억

4.
옳고 바른 길로 나아가면 삶의 보람과 만난다

원대의 사기를 벌인 혐의로 구속되었다. 두 번째로 검찰에 불려 왔을 당시 나는 부장검사로 그녀 사건을 지휘했다. 이때도 주임검사가 조사를 다 끝내고 구속영장을 발부받아 교도소로 이송하는 과정에서 문제가 발생했다. 그녀가 교도소에 더는 못 가겠다며 바닥에 드러누운 것이다. 여자 몸에 함부로 손을 댈 수도 없으니 주임검사가 몹시 곤혹스러워 했다. 나는 1차 수사 때 얻은 기지를 활용했다. 본래 그녀는 자존심이 센 데다 조금은 허황된 면이 있었다. 그걸 이용한 것이다. 주임검사를 시켜 이렇게 그녀를 타이르게 했다.

"장영자 씨, 여기서 이러면 어떻게 합니까? 밖에 방송국 카메라 기자들하고 신문사 사진 기자들이 잔뜩 몰려와 있어요. 이러다가 교도관들에게 붙잡혀 실려 나가면 무슨 망신입니까? 텔레비전하고 신문에 추한 모습이 고스란히 보도되지 않겠어요? 그래도 좋습니까? 낭랑하고 자신 있는 모습으로 걸어 나가야 하지 않겠어요? 빨리 일어나서 단정하게 나가세요."

그러자 그녀는 언제 그랬냐는 듯 벌떡 일어서더니 거울을 보며 머리를 빗고, 헝클어진 옷매무새를 가다듬은 뒤 기자들이 기다리고 있는 복도로 걸어 나갔다고 했다.

한 번 잘못된 길에 깊숙이 몸을 담은 그녀는 좀처럼 헤어 나오지를 못했다. 2001년 5월에도 220억 원대의 구권화폐 사기행각을 벌인 혐의로 구속되어 세 번째로 교도소 신세를 지기에 이르렀다. 땀 흘려 번 돈으로 소중한 일상의 행복을 누리는 방법을 몰랐던 그녀는 끝내 상습적 사기범의 굴레를 벗지 못한 것이다.

이철희 장영자 어음 사기 사건이 처음 터진 뒤로부터 10여 년쯤 지

운명과 경주를 한
정홍원 스토리

난 1991년 2월 3일, 입춘을 하루 앞둔 일요일 새벽 어느 조간신문에는 수서택지 특혜분양 비리 사건이 특종으로 보도되었다. 이로 인해 사건의 전말이 세상에 알려지면서 정국은 회오리바람이 몰려오듯 요동치기 시작했고, 검찰은 본격적인 수사에 돌입하였다. 그 무렵 나는 부장검사로 승진해 대검찰청 중앙수사부 3과장으로 일하고 있었다.

사건은 강남의 마지막 노른자위 땅으로 투기꾼들의 이목이 집중되어 있던 강남구 수서, 대치 지역 공공용지 35,500평이 개발제한구역이었음에도 불구하고 서울시가 이곳에 아파트를 건립하겠다는 26개 주택조합에 건축허가를 내주면서 촉발된 권력형 비리 사건이었다.

1989년 3월 21일 건설부는 서울 강남구 수서, 대치 지역을 공영개발 예정지구로 고시했다. 이를 미리 알았던 한보그룹은 1988년 4월부터 자연녹지였던 수서 일대의 땅을 사들였었다. 이후 수서 지역이 공영개발지구로 고시되자 한보그룹은 땅의 명의를 연합주택조합에 넘긴 다음 본격적으로 로비를 시작했다. 그곳에 주택조합 아파트를 지을 수 있도록 토지를 특별 분양해 달라는 요구였다. 이는 명백한 불법이었다. 특정 주택조합에 택지를 특별 분양하면 청약저축에 가입한 일반 서민들이 추첨을 통해 분양받을 가구 수는 그만큼 줄어들기 때문이다.

어떤 방법을 써서라도 특별 분양을 받아 내려던 한보그룹은 정태수 회장이 앞장서 정치인들과 공무원들에게 끊임없이 뇌물을 제공하며 압박을 가했다. 처음에는 완강하게 반대하던 서울시는 1월 21일 법적 근거도 없이 이 지구의 민간 주택조합 소유 토지 35,500평을 이들 조합에 특별 분양키로 결정함으로써 조합원과 한보그룹에 특혜를 주었다. 서울시 윤백영 부시장이 기자회견에서 밝힌 한보그룹에 대한 분양 이

4.
옳고 바른 길로 나아가면 삶의 보람과 만난다

유는 다음과 같다.

"공공 개발한 택지를 특정 주택조합에 공급함으로써 무주택 서민용 아파트 공급에 차질이 예상되기는 하지만, 건설부에서 '공급이 가능하다'는 유권해석을 내린 데다 국회 건설위원회가 주택조합원들의 청원을 받아들인 점을 감안해 특별 공급하기로 결정하게 되었습니다."

불법인 줄 뻔히 알면서, 그리고 부작용이 어떠하리라는 걸 충분히 예상하면서도 정부와 국회의 압력에 굴복해 어쩔 수 없이 특별 분양을 결정하게 되었다는 것이다. 본래 특별 공급 불가 입장을 밝혔던 건설부가 그 공급권을 서울시로 이관하게 된 경위와 서울시가 1990년 10월 특별 공급 불가 방침을 조합 측에 최종 통보했음에도 불구하고 몇 개월 후 다시 입장을 바꾼 과정이 의혹을 낳았다. 수사를 하다 보니 충격적인 사실들이 속속 드러났다. 특별 분양을 받은 민간조합에는 경제기획원, 서울지방국세청, 군부대, 언론사 등 영향력 있는 기관들이 다수 참여하고 있다는 사실이 밝혀졌다. 한보그룹에 매수당한 사람들 가운데는 청와대 비서관과 서울시 및 건설교통부 공무원뿐만 아니라 여야 정치인까지 끼어 있었다.

1991년 2월 3일에는 청와대와 평민당이 수서 지구 특별 분양과 관련해 서울시에 보낸 협조 공문이 공개되면서 이 문제는 정치 쟁점으로까지 비화되었다. 이후 서울시가 특별 분양 결정을 내리기 직전에 가졌던 관계자 대책회의에 청와대 비서관과 민자당 의원까지 참석했다는 사실이 밝혀지면서 사태는 일파만파로 번지고 말았다. 결국 노태우 대통령은 부총리를 포함한 정부의 개각을 단행한 다음 대국민 사과를 하며 머리를 숙일 수밖에 없었다.

특별 수사에 익숙해진 나로서도 전에 겪어 보지 못한 큰 수사였다. 중앙수사부 4개 과 전원이 투입되어 수사를 벌인 결과 정태수 회장으로부터 뇌물을 받은 여야 국회의원 5명이 구속되었고, 청와대 문화체육비서관과 건설부 국토계획국장이 뇌물 수수 혐의로, 정태수 한보그룹 회장이 뇌물 공여 및 국토이용관리법 위반 등의 혐의로 구속되었다. 현직 대통령 비서관이 구속된 것은 그때가 처음이었다.

검사들 사이에서 이 사건은 '구정 수사'로 불리기도 했다. 구정 연휴 기간 동안 수사를 진행해야 했기 때문이다. 정태수 회장이 검찰 조사를 받으면서도 검찰 직원에게 구정이 되었으니 제사를 지낼 수 있게 해달라고 하고는 조사실 안의 조그만 공간에서 제사를 지낸 것이 화제가 되기도 했다. 조사를 받는 사람과 조사를 하는 사람을 다 합치면 수십 명이었다. 그 많은 사람들이 밥을 먹어야 했지만 구정 연휴라 문을 연 식당이 없었다. 하는 수 없이 우리는 호텔 식당에 주문을 해서 밥을 먹었다. 그러느라고 여느 때보다 수사비가 추가로 많이 사용된 수사이기도 했다.

수사가 마무리되면서 주임검사였던 나는 허탈하기 그지없었다. 이철희 장영자 어음 사기 사건이나 수서 비리 사건은 돈을 인생의 목적으로 여기며, 돈의 노예가 되어 살아가는 사람들의 일그러진 면모를 여과 없이 보여 준 사건이었다. 돈이 무엇이기에 남보다 많이 배우고 누리며 살아온 멀쩡한 사람들이 탐욕의 늪에 빠져 자신의 삶을 송두리째 망가뜨리는 것인지 참으로 안타까웠다. 돈은 살아가는 데 꼭 필요한 도구일 뿐 그 이상도 이하도 아니며, 결코 우리 인생의 목적이 될 수 없다는 진리를 되뇌게 만든 순간이었다.

우리나라 최초의
컴퓨터 해커 사건을 해결하다

바른 생각 없는 좋은 머리는 흉기다

"저… 실례지만… 거기 청와대 비서실 맞습니까?"
"네, 그렇습니다. 무슨 일이신가요?"
"여기는 ○○은행 전산실입니다. 혹시 데이콤을 통해 저희 은행의 전산망 운영 현황과 구조, 일반 전화선과의 연결 방법 등 전산 정보망 자료를 제출하라는 공문을 보내셨나요?"
"네? 그게 무슨 말씀이신가요? 잠깐만요… 확인해 봤지만 전혀 그런 일이 없습니다."

1992년 12월 18일 치러진 제14대 대통령 선거에서 민주자유당 김영삼 후보는 민주당의 김대중 후보와 통일국민당의 정주영 후보를 누르고 대통령에 당선되었다. 김영삼 당선인은 정원식 위원장을 중심으로 대통령직 인수위원회를 구성해 노태우 정부로부터 정권을 인수하기 위한 작업에 들어갔다. 1993년 2월 25일에 있을 대통령 취임식을 앞두고 막바지 정권 인수 작업에 여념이 없던 2월 8일 아침 인수위원들이 포진해 있는 청와대 비서실로 걸려 온 전화 한 통은 청와대와 인수위원회를 벌집 쑤신 듯 혼란 속으로 몰아넣었다. 일명 '청와대 사칭 해커 사건' 또는 '국내 1호 컴퓨터 해커 범죄'로 불리는 대형 사건이 발생한 것이다.

여느 때처럼 출근해서 자리에 앉자마자 중앙수사부장으로부터 호출이 왔다.

"정 과장, 소식 들었지? 청와대를 사칭한 해커 사건이 터졌어. 곧 대통령 취임식인데, 이거 참 큰일이야. 정 과장이 이 사건을 맡아서 대통령 취임식 전까지 어떻게든 해결해 봐."

"오면서 이야기 들었습니다. 최대한 빨리 진상을 파악하도록 하겠습니다."

"사회 교란을 노린 불순분자의 소행일지도 모르니까 각별히 유념하라고."

"네, 알겠습니다."

인터넷이 상용화되지 않았던 그때는 해커라는 단어조차 생소했다. '해커hacker'란 컴퓨터 또는 컴퓨터 프로그래밍에 뛰어난 기술자로서 컴퓨터 시스템 내부 구조 및 동작에 심취하여 이를 알고자 노력하는 사람을 지칭한다. 애플컴퓨터를 창업한 스티브 워즈니악과 스티브 잡스, 마이크로소프트를 창업한 빌 게이츠도 초기에는 해커로 활동했었다. 하지만 뛰어난 컴퓨터 지식을 이용해 점점 범죄 행위에 가담하는 사람들이 많아지면서 해커라는 말은 컴퓨터 범죄를 저지르는 사람을 지칭

4.
옳고 바른 길로 나아가면 삶의 보람과 만난다

하는 말로 쓰이게 되었다. 나는 컴퓨터 전문가들의 도움을 받아 각 은행 전산실로 보내진 공문을 분석한 후 컴퓨터 통신 이용 경로를 따라 발신자를 추적하는 작업에 들어갔다. 상당히 복잡한 과정을 거쳐야 하는 만만치 않은 일이었다.

그러나 끈질긴 수사 끝에 범인이 데이콤의 전국 40여 개 통신망 접속점 중 전남 순천 지역 통신망을 이용한 사실을 확인했다. 또 범인이 데이콤 통신망은 시내전화선을 사용해 자신의 PC에 접속했으나, 포스 서브는 시외전화선을 사용한 것을 밝혀냈다. 발신지를 차츰 좁혀 들어간 결과 2월 15일 오후 5시 순천에 숨어 있던 범인을 붙잡았다. 대통령 취임 열흘 전이었다. 정권 교체기에 청와대 비서실을 사칭해 은행의 전산 정보망 자료를 빼내 거액의 현금을 인출하려 했던 간 큰 해커는 새수생이자 컴퓨터광인 심ㅇㅇ이라는 젊은 남자였다.

그는 전남 어느 시골 출신으로 IQ가 140에 달해 어릴 때부터 마을에서 천재 소년으로 불렸다고 한다. 순천의 모 고등학교를 졸업하고 서울 명문대 입시에서 낙방한 뒤 컴퓨터에 관심을 갖게 된 그는 1년 6개월 동안 20권이 넘는 컴퓨터 서적을 독파할 정도로 이 분야에 몰입하게 된다. 이후 미국 유학을 결심한 그는 시카고대학으로부터 입학 허가를 받게 되자 유학 자금을 마련하기 위해 이 같은 범죄를 저지르게 된 것이다. 우연히 뉴스를 통해 각 은행에 예금자들이 찾아가지 않은 휴면계좌의 돈이 엄청나게 쌓여 있다는 사실을 알게 된 그는 컴퓨터를 이용해 이를 자신의 계좌로 한데 모아 빼내면 아무도 모를 거라 생각하였다. 거래가 장기간 정지된 은행의 휴면계좌 돈을 다 모으면 무려 700억 원에서 800억 원에 달했다. 그는 먼저 금융기관 전산 정보망 자료를 알아낸 다음 휴면계좌를 한 통장으로 모으는 프로그램을 개발해 돈을 인출한다는 계획을 세웠다. 007 영화와도 같은 범죄 구상이었다.

6일 새벽 0시 19분. 그는 컴퓨터 통신망 천리안의 팩스 서비스를 통해 데이콤에 청와대 비서실 업무인수 점검 팀이 발신자로 되어 있는 공문 한 장을 접수시켰다. 내용은 이랬다.

"청와대가 가입한 천리안 통신망의 비밀번호가 분실되었으니, BH0303으로 정정 바람."

BH는 Blue House의 첫 글자에서 따온 것으로 청와대를 뜻했다. 서슬 퍼런 인수위원회에서 보내온 공문을 그 누가 의심하거나 전화로 확인할 수 있었겠는가? 6일 오전 11시 40분 데이콤은 그의 요구대로 비밀번호를 바꿔 주었다. 그는 데이콤에 고맙다는 답신까지 보냈다.

이어서 그는 8일 새벽 4시 50분부터 1시간 20분 동안 자신의 집에서 개인용 컴퓨터를 이용해 ○○은행 등 주요 12개 금융기관의 전산실장 앞으로 다음과 같은 공문을 보냈다.

"귀 은행이 보유하고 있는 전산망의 운영 현황과 구조, 그리고 일반 전화선과의 연결 방법 등 전산 정보망에 관한 자료를 청와대 비서실 업무인수 점검 팀으로 제출해 주십시오."

이번에도 역시 일부 금융기관에서는 제출하라는 자료를 잘 챙겨서 보냈다. 그런데 한 은행에서 뭔가 좀 이상하다는 느낌을 가지고 직접 청와대 비서실에 전화로 확인을 하게 된 것이다. 이 때문에 그의 청와대 사칭 사기 범죄는 미수에 그친 채 검거되기에 이르렀다.

자신의 컴퓨터 지식을 국내에서는 따를 사람이 없다고 잘못 확신하고 이를 시험해 보고자 한 청년, 휴면계좌는 잊힌 계좌로 은행의 소유

4.
옳고 바른 길로 나아가면 삶의 보람과 만난다

도 아니니 이를 빼내어 사용해도 크게 죄책을 느낄 게 없다는 다소 장난기 섞인 청춘이 저지른 과오였다. 나는 2월 17일 그를 공문서 위조 및 사기 미수 등의 혐의로 구속했다. 이 사건은 문민정부 출범을 앞두고 벌어진 청와대 사칭 사기 사건인 데다가 국내에서 처음 발생한 해커 범죄라는 사실 때문에 연일 언론에 크게 보도되었다. 이 사건을 수사한 덕에 내게는 '국내 해커 검거 1호 검사'라는 별칭 하나가 더 붙게 되었다. 그는 6개월 동안 구치소에 구속되어 있다가 집행유예로 출소했다. 범죄가 가볍진 않으나 가치 판단이 미숙한 나이 어린 초범인 까닭이었다.

나는 김ㅇㅇ 씨를 체포해 수사하면서 많은 대화를 나누는 가운데 이런 생각을 했다.

'우리나라도 정보통신이 발달하면서 해커 범죄들이 늘어날 텐데, 이런 젊은이를 잘 육성한다면 얼마든지 범죄를 예방하면서 국가와 기업에 이득이 되는 일을 할 수 있지 않을까?'

해커는 해커가 막아야 한다는 말이 있다. 해커들의 심리를 알고 그들의 범죄 기법을 파악해 예방하는 데 있어 같은 해커를 따라갈 사람이 없다는 뜻이다. 실제로 몇몇 선진국에서는 해커들을 국방과 산업 등 주요 영역에서 자기 역할을 하도록 활용하고 있다. 이들의 활약으로 특정 분야에서는 기대 이상의 성과를 거두기도 한다. 이들을 그대로 방치하게 되면 나쁜 길로 빠져 또 어떤 범죄에 빠져들지 모를 일이다. 나는 집행유예로 풀려난 그를 불러 내가 계속하여 그를 지도하고 조언하면서 도울 것을 약속하고 기업체의 전산 담당 직원으로 일할 것을 권유하였다. 국가정보원에서 일을 할 수 있었으면 좋겠다는 생각도 해봤으나 처벌 전력이 국가 공무원으로는 결격 사유가 되었다.

그는 출소 이후 그의 능력에 주목한 기업들로부터 러브콜을 받으며 승승장구했다. 1994년 모 대기업 기획조정실에 입사한 뒤, 1998년 기획예산처 민간 계약직 사무관으로 특채되었으며, 2001년에는 영국의 한 다국적 기업에 입사해 상무이사를 지냈다. 그 뒤로도 정부의 여러 직책을 맡아 활동하다가 2008년 시중 유력 은행의 연구소장으로 옮겨간 그는 IT사업을 총괄하는 전무로 일하던 중 직장 내에서 발생한 좋지 않은 일에 연루되어 어려움을 겪은 것으로 알고 있다. 뛰어난 재주를 가진 젊은이였기에 누구보다 잘되기를 바라며 지켜보던 나로서는 안타까운 마음을 금할 수가 없었다. 요즘도 나는 가끔씩 그가 다시 재기하여 자신의 능력을 보다 유익한 곳에 사용할 수 있게 되기를 기도하고 있다.

다시 물고기가 살 수 있게 된 울산 태화강

훼손시키기는 쉽지만 회복시키기기는 어렵다

서울지검 특수부와 대검 중수부에서 오랫동안 일하던 나는 대전지방검찰청 차장검사를 거쳐 1995년부터 부산지방검찰청 울산지청 지청장으로 근무하게 되었다. 울산은 부산에 인접해 있지만 부산과는 또 다른 독특한 역사와 문화와 환경을 가진 매력적인 고장이었다. 더구나 처음으로 한 지역의 검찰 업무를 총괄하는 책임을 맡다 보니 그 어느 때보다 막중한 소명감을 느끼게 되었다. 업무 보고를 받고 지역 상황을 파악하면서 울산이 직면한 가장 큰 문제는 바로 환경 문제라는 사실을 깨닫게 되었다. 무엇보다 태화강의 오염이 심각했다. 태화강은 울산을 서에서 동으로 가로질러 동해로 흘러드는 길이 47킬로미터에 유역 면적 643제곱킬로미터에 달하는 울산 시민들의 젖줄이자 숨결과도 같은 소중한 하천이었다.

운명과 경주를 한
정홍원 스토리

　물 맑고 공기 좋던 울산이 각종 소음과 매연으로 몸살을 앓게 된 것은 제1차 경제개발 5개년계획의 핵심 사업으로 대규모 공업단지가 들어서면서부터였다. 울산은 항만 건설에 유리한 천혜의 입지 조건을 갖추고 있고, 철도와 고속도로를 통한 물자와 제품의 운송에 유리할 뿐만 아니라 풍부한 공업용수를 확보할 수 있어 공업단지의 적지로 각광받았다. 1962년 2월 울산공업센터 기공식이 열리면서 1966년까지 공장 부지 등 지원 시설의 착수가 이루어졌고, 1967년 7월 울산정유공장이 확장되어 석유화학공업단지로 선정되었다. 이에 따라 1971년까지 대규모 공장이 건설되었으며, 간접자본시설이 부분적으로 완공되었다. 1972년부터 1976년까지는 자동차와 조선공업이 본격 건설, 가동됨에 따라 1987년부터 공단을 주도하는 분야가 석유화학공업에서 자동차와 조선공업 중심의 기계장치공업으로 변화하였다.
　공업단지 조성으로 지역 경제가 발전하고 주변 환경이 개선되어 활기찬 고장이 된 것은 좋은 일이었으나 무분별한 개발과 인구의 유입으로 청정하천이던 태화강이 점차 죽음의 강으로 변하고 각종 공장에서 배출된 매연이 고약한 냄새를 풍기게 된 것은 크나큰 비극이었다. 본래 울산 태화강은 국내 최대 바지락 종패 생산지로 명성을 떨치던 곳이다. 강 하구에 서식하는 바지락이 전국에서 명물로 꼽힐 만큼 수질이 맑았기에 종패는 서해안과 남해안 등 전국으로 팔려 나갔다. 그러던 태화강에 물고기가 살 수 없게 된 것은 물론 매일 강 근처에서 악취가 진동하는 울산의 애물단지로 전락한 것이다.
　나는 원인이 어디에 있는지를 세밀하게 살핀 결과 울산에 있는 수많은 공장들이 공해방지시설을 갖추지 않은 채 각종 공해 물질을 그대로

4.
옳고 바른 길로 나아가면 삶의 보람과 만난다

방출하거나 모아 뒀다가 비가 오면 몰래 태화강으로 흘려보낸다는 사실을 알게 되었다. 철저히 적발해서 엄중하게 처벌하는 것만이 능사가 아니었다. 적발되면 얼마 되지 않는 벌금을 납부하고 책임자를 문책하는 듯했다가 시간이 지나면 언제 그랬냐는 듯 이 같은 행태를 반복하곤 했던 것이다. 공장마다 제대로 공해방지시설을 갖추고 이를 가동해 태화강으로 공해 물질이 흘러들지 않도록 만드는 것이 관건이었다. 공해방지시설은 몇 십 억 원에 달하는 고가의 장비였다. 이를 갖추려면 막대한 자본이 들어가기 때문에 그러면 안 되는 줄 알면서도 은밀히 태화강으로 공해 물질을 흘려보냈던 것이다.

울산에 있는 공장 책임자, 즉 공장장들은 상무나 전무급이었다. 사장이나 오너는 모두 서울 본사에 있었다. 그러니 공장장들이 몇 십 억 원짜리 공해방지시설을 갖춰야 한다고 본사에 강력하게 요청하지 못하는 실정이었다. 몇 번 건의해서 재가가 나지 않으면 그냥 자기들 선에서 불법적으로 해결해 오곤 했던 것이다. 이 악순환의 고리를 끊는 것이 급선무였다.

나는 지역을 대표하는 각계각층 사람들로 구성된 환경보호협의회를 만들었다. 태화강 살리기에 발 벗고 나선 것이다. 택시 기사들과 해병 전우회 회원들로 환경 감시단을 만들어 태화강 인근을 다니다가 공해 물질을 방류하는 현장을 목격하면 즉시 신고하도록 했다. 지역 언론사 책임자들도 만나 적극적인 협조를 구했다. 대학을 찾아가 학자들을 중심으로 연구 단체도 만들었다. 그런 다음 울산에 있는 주요 기업체의 공장장들을 한자리에 불러 모았다.

"태화강은 울산의 생명수입니다. 우리 후손들과 더불어 영원히 울산을 지켜 갈 젖줄이 태화강입니다. 이런 목숨 같은 강을 우리 스스로 황폐화시켜 죽음의 강으로 만드는 일을 해서야 되겠습니까? 더 이상은 안 됩니다. 제가 울산지청장으로 있는 한 태화강을 오염시키는 그 어떤 불법 행위도 결코 용납하지 않겠습니다. 서울에 있는 여러분 회사의 대표들께 말씀드려 주십시오. 아주 고약한 지청장이 와서 이제 더는 태화강에 무단으로 공해 물질을 방류할 수 없게 되었다, 공해방지시설을 갖추지 않으면 공장 문을 닫아야 할 형편이다, 이렇게 말입니다. 시설을 갖추겠다고 약속하시면 시설이 갖춰질 때까지는 단속하지 않겠습니다. 이제 제대로 한번 해보십시다. 태화강이 살아야 울산이 살고, 울산이 살아야 기업도 삽니다."

내 결연한 의지를 확인해서인지 이후 변화의 움직임이 나타났다. 대기업인 SK에너지(주)에서 수십 억 원을 들여 공해방지시설을 갖춘 것이다. 시작이 중요했다. 나는 지역 언론사들이 앞장서서 이와 같은 사실을 주민들에게 대대적으로 알리도록 협조를 요청했다. 잘한 일에 대해서는 아낌없는 갈채를 보내고, 잘못한 일에 대해서는 예외 없이 강경한 대응을 한 것이다.

이런 분위기가 자리를 잡아 가면서 눈치를 살피던 다른 기업들도 하나둘 SK에너지(주)를 따라 공해방지시설을 갖추기 시작했다. 점차 비 오는 날 밤 무단으로 태화강에 공해 물질을 방류한다는 건 상상할 수도 없는 일이 되었다. 그랬다가 적발되면 정말 공장 문을 닫아야 할 정도로 강력한 처벌을 받게 될뿐더러 아예 지역 사회에서 부도덕한 기업으로 낙인 찍혀 다시는 발을 붙일 수 없을 만큼 태화강 살리기 운동은 여

4.
옳고 바른 길로 나아가면 삶의 보람과 만난다

론의 든든한 지지를 받고 있었기 때문이다.

환경보호협의회 초대 회장을 맡은 이래 지금까지도 울산과 경주 지역 환경 살리기에 앞장서고 있는 박도문 회장은 환경을 보호하는 일에는 국경도 행정구역도 쉼표도 마침표도 없다는 신념을 가지고 자신의 사재까지 출연해 가며 헌신적으로 일을 추진해 왔다. 시의회 역시 적극적인 협조를 아끼지 않아 예산을 과감하게 지원해 주었다.

내가 울산지청을 떠난 뒤에도 환경 보호 운동은 지속적으로 전개되어 울산시에서는 1995년 이후 태화강을 살리기 위해 하수처리장 건설 및 하천정화사업 등 기초수질개선 및 생태복원에 온 힘을 집중하기에 이르렀다. 여기에 울산의 언론과 학계, 검찰과 경찰, 주민과 시민단체 등이 똘똘 뭉쳐 힘을 발휘한 결과 시간이 지날수록 태화강의 수질은 눈에 띄게 개선되었다. 괘괘힌 냄새가 사라지고, 물고기들이 점점 늘이나더니 철새들까지 돌아오기 시작했다. 수질 또한 6급수에서 1급수로 회복되었다. 마침내 울산의 상징인 태화강이 전국 최대 철새 도래지의 명성까지 얻는 아름답고 생기 넘치는 강으로 변화한 것이다.

2016년 5월 9일자 연합뉴스에는 '울산 태화강의 환골탈태'라는 제목의 기사가 올라왔다.

> …1996년 생물학적 산소요구량(BOD) 11.3ppm으로 6등급 수준이던 태화강 수질은 2007년부터 1등급 수준을 유지하고 있다. … 울산시가 올해 1월 모니터링한 결과 총 39종 6만4천795마리의 새가 관찰됐는데, 여기에는 환경부 지정 멸종위기 2급 철새인 솔개와 흰목물떼새를 비롯한 보호종도 10여 종 포함돼 있다. …죽음의 강

에서 생태하천으로 거듭난 태화강이 이제는 철새가 살기 좋고 관광객이 몰리는 생태낙원으로 진화하고 있다.

이런 뉴스를 접하면 그때 일이 상기되면서 가슴이 벅차오른다. 태화강의 생태 복원 사례는 다른 지방의 모범이 되고 있다. 태화강을 따라 십 리나 이어진 대숲을 걷다 보면 만나게 되는 연어와 은어 등 토종 어종과 수달과 너구리 등 다양한 동물들, 그리고 백로와 까마귀 떼의 화려한 군무는 좀처럼 보기 힘든 자연이 주는 장엄한 선물이다. 가을 해질녘 강 하구 억새단지에서 감상하는 석양과 은빛 억새의 절묘한 춤사위 역시 빼놓을 수 없는 비경이다.

태화강 살리기 운동은 울산 시민들에 대한 내 작은 봉사였다. 나는 검사란 엄정한 법 집행으로 사회 정의를 구현하는 것에 더해 지역 사회와 주민들을 위해 무엇이 중요한지를 살펴 봉사하려는 마음을 가져야 한다고 생각한다. 법이라는 칼을 가지고 군림하는 게 아니라 법이라는 앞치마를 두르고 봉사하는 것이야 말로 진정한 검사의 길이라고 믿는 까닭이다.

검사 생활 30년 만에
써본 사표

올라갈 때가 있으면 반드시 내려올 때가 있다

대검찰청 감찰부장으로 일할 때였다. 어떤 검찰 간부 한 명이 고검장으로 승진해 일선 고등검찰청으로 내려가면서 기자들과 송별회를 갖고 대낮부터 폭탄주를 돌려 마시며 실언을 한 것이 문제가 되어 검찰의 기강과 품행이 도마 위에 오르게 되었다. 즉각 전국 검사장 회의를 소집한 검찰총장은 잘못된 문화를 질책하며 감찰부에 철저한 대책 마련을 지시했다.

나는 검사들이 근무 시간은 대낮에 술자리를 갖는 관행부터 없애야 한다고 생각했다. 언제부터인지는 모르지만 검사와 기자가 어울려 낮술을 마시는 분위기가 검찰 내부에 만연해 있었다. 그런 느슨하고 나태한 태도로부터 실수가 생기고, 비리도 발생하는 법이었다. 나는 검찰총장의 재가를 받아 전국에 있는 검사들에게 낮술 금지령을 내렸다. 암행

감찰을 강화해서 낮에 검사가 술을 마시다 적발되면 엄하게 징계를 내리기로 한 것이다. 그 뒤 어느 지방검찰청에서 낮술을 마시다 발각된 검사가 있었다. 그 검사에게는 엄한 경고가 뒤따랐다. 이후 검찰 내부에서 낮술을 마시는 문화가 없어졌다. 기자들은 검사들과 어울려 술과 밥을 같이하면서 취재원과 친밀도를 높이고 취재의 도움을 받는 은근한 기회를 잃게 되어 검찰청 출입이 재미없어졌다며 투덜댔다. 하지만 낮술 금지령으로 인해 국민들로부터 지탄을 받던 느슨하고 나태해 보이는 검찰의 나쁜 관행이 뿌리 뽑힌 건 천만다행한 일이었다.

2002년 월드컵을 앞두고 나는 광주지방검찰청 검사장으로 있었다. 빛 고을 광주는 호남의 중심으로 예술과 문화가 발달한 유서 깊은 고장이었다. 세계적인 축제인 월드컵 분위기는 광주에서도 한층 고조되고 있었다. 그러나 예술과 문화가 발달한 고장답게 자유분방한 것은 좋은데, 기초질서 특히 교통질서가 다소 어수선했다. 외국에서 손님들도 많이 오고, 각국의 언론사에서 광주를 취재해 세계에 알릴 텐데, 이래서는 좀 곤란하지 않을까 하는 우려가 생겼다. 나는 검찰청 산하 범죄방지협의회를 주축으로 광주의 여러 관련 단체에 교통질서를 바로잡는 일을 해보자고 제안했다. 사람들은 내 제안에 모두 동의해 주었다. 금남로를 비롯한 광주 시내 주요 도로에서 교통질서 바로 세우기 캠페인이 시작되었다. 참여자들의 헌신적인 노력으로 시간이 지나면서 시민들의 적극적인 협조를 얻으며 교통질서가 눈에 띄게 좋아졌다. 월드컵 경기를 치르기 위해 광주를 찾은 선수들이나 외국 손님들, 기자들이 전혀 불편을 느끼지 못하고 축제를 즐기다 돌아갔다. 광주 시민들은 예향의 주인공들답게 좋은 일에는 너 나 할 것 없이 흔쾌히 앞장서

4.
옳고 바른 길로 나아가면 삶의 보람과 만난다

는 모습을 보여 주었다.

굵직굵직한 대형 사건들을 수사하며 특별 수사 검사로 이름을 날릴 때는 부정부패를 일소하고 사회 정의를 실현하는 데 대해 커다란 자긍심과 보람을 느끼곤 했다. 그런데 세월이 흘러 검사 경력이 쌓여 감에 따라 직무를 수행하면서 느껴지는 마음가짐이 조금씩 달라졌다. 범죄를 소탕하고 범죄자를 붙잡아 구속시키는 일에서 얻게 되는 자부심보다는 죄를 지은 사람을 설득해 개과천선시키고 대가를 치른 다음 사회에 복귀해 잘 적응하며 살아가도록 만드는 일이 훨씬 더 많은 의미와 긍지를 느낄 수 있음을 깨달았다. 이런 게 바로 인생의 연륜이라는 거구나, 하는 생각을 갖게 되었다. 어느새 나도 나이를 먹어 가고 있었던 것이다.

나는 검사상으로 승진하는 순간부터 언젠가 때가 되면 내가 온 힘을 다해 올랐던 자리에서 내려와야 할 순간이 있으리라 생각했다. 초임 검사 시절에는 일에 파묻혀 살면서 오로지 앞만 보고 질주하지만 어느 날 문득 뒤를 돌아보면 내가 언제 여기까지 와 있을까 하는 회상 속에 지나온 날들이 까마득하게 느껴질 날이 올 것으로 본 것이다. 어쩌면 내 인생의 전부라 해도 과언이 아닐 내 공직 생활을 마무리해야 할 그때가 되면 나는 아무런 미련 없이 의연하고 당당하게 내려오리라 결심했다. 인생이라는 무대에서 멋있는 퇴장은 화려한 스포트라이트를 받으며 시작하는 입장보다 훨씬 더 중요하다고 생각했기 때문이다.

한참 세월이 흐른 뒤 어느 날 차를 타고 가다가 우연히 라디오 방송을 통해 내 이야기를 듣게 되었다. 정치부 기자들이 취재를 바탕으로 현대 정치 비사를 드라마틱하게 재구성해 방송하던 프로그램이었다.

내가 광주지방검찰청 검사장으로 있을 때 법무부 장관과 검찰총장이 나를 서울지방검찰청 검사장으로 발령 내려 했으나 청와대에서 반대해 발령을 내지 못했다는 내용이었다. 이유인즉 내가 너무 원칙주의자로 알려져 있어 부담스러워했다는 것이다. 이로 인해 열흘 가까이 인사가 지연되었다고 한다. 나는 그때서야 비로소 당시 무슨 일이 있었는지를 알게 되었다.

그런 연유로 나는 이례적으로 2기期에 걸쳐 1년 9개월 동안 광주지방검찰청 검사장을 지냈다. 그리고 다시 부산지방검찰청 검사장으로 1년간 근무한 후 2003년 3월부터 제27대 법무연수원장으로 자리를 옮겼다. 지난 1972년에 설립된 법무연수원은 검찰, 보호, 교정, 출입국 등 법무부 소속 공무원에 대한 교육훈련과 법무행정 발전을 위한 조사 및 연구업무를 담당하는 기관이다. 지금은 충청북도 진천군에 있는 충북혁신도시로 이전했지만 내가 있을 때는 경기도 용인시에 본원이 있었다. 사건 현장을 누비거나 검사들을 지휘하던 역할에서 한발 떨어져 교육과 연구에 관한 업무를 관장하다 보니 한결 마음이 편안했다. 연구위원들과 함께 형사 정책이나 법무 정책 등에 대해 격의 없이 토론을 벌이는 일도 흥미로웠다. 30여 년에 걸친 검사 생활을 돌아보는 기회가 되었다.

그즈음 문득 지청장급으로 일하던 어느 날 선배 검사 한 분이 내게 했던 말이 생각났다.

"자네는 야간대학을 나온 사람이니 행여 검찰총장이 되겠다는 꿈은 꾸지 않는 게 좋아."

4.
옳고 바른 길로 나아가면 삶의 보람과 만난다

그 말은 겉으로는 학벌 타파를 외치면서도 내심으로는 학벌 기득권을 고수하려는 이중적 의식구조의 단면을 여실히 보여 준 말로써 내게 비수처럼 날아와 꽂혀 마음의 상처로 남았다. 어느덧 고검장급의 선배 검사가 된 나는 만약 기회가 주어져 검찰총장직을 수행하게 된다면 국가에 대한 마지막 봉사라 생각하고 소신껏 정도를 걸으며 정의로운 검찰을 세울 포부가 있었다. 하지만 정직과 성실을 창검으로 삼고 실력을 방패로 삼아 지금까지 묵묵히 한 길만을 걸어온 내게 단지 학벌이 시원치 않다는 이유로 더 큰일을 할 기회가 주어지지 않는다면 나는 후배들을 위해 언제든 물러나도 좋다는 생각이었다.

가야 할 때가 언제인가를

분명히 알고 가는 이의

뒷모습은 얼마나 아름다운가.

내 고향인 경상남도 하동군 바로 옆에 있는 사천에서 태어나 진주에서 학교를 다닌 이형기 시인이 스물다섯 살이던 1957년에 발표한 '낙화落花'라는 시의 한 구절이다. 너무도 유명한 이 시 한 구절을 나는 늘 가슴속에 묻고 살았다. 아름다운 뒷모습을 남기기 위해서는 내가 가야 할 때가 언제인가를 분명히 알아야 했다. 그 시간은 시나브로 다가오고 있었다.

2004년 5월 말경이었다. 해외 출장을 다녀올 때였다. 나는 비행기 안에서 곰곰이 생각에 잠겨 있었다. 머지않아 인사철이었다. 1974년 검사로 임관한 이래 동기들 가운데 고검장 자리에까지 오른 두 명 중한 명이었지만 이미 내 뒤로 많은 후배들이 내 자리에 앉기 위해 준비하고 있었다. 검사 생활 30년이면 아쉬울 게 하나도 없었다. 내가 계속 버티고 있는 한 후배들이 승진할 기회를 갖지 못할 게 뻔했다. 이제 그만 물러나야겠다고 결심했다.

"총장님, 후배들을 위해 용퇴할 때가 된 것 같습니다. 사직하겠습니다."

"…사실 자리가 없어 인사를 할 수 없는 상황이라 고심 중이었는데… 정 원장님의 결심에 대단한 존경심을 느낍니다."

나는 귀국한 다음 날 검찰총장에게 전화로 사의를 표명하고, 법무부 장관에게 사직서를 제출했다. 늦은 봄날인 그날, 서울 하늘은 한없이 맑았다. 진달래꽃이 지고 벚꽃이 내려앉은 자리에 화려한 모습을 자랑하던 철쭉꽃마저 하나둘 떨어지고 있었다.

회고해 보면 내 인생은 운명적인 고난의 연속이었다. 밖에서 불어닥친 고난도 있었고, 스스로 만들어 낸 고난도 있었다. 이런 고난을 겪으며 30년 동안 검사로 일하면서 내 몸에 밴 습관이랄까 기질 같은 게 있었다. 어쩌면 그것들 때문에 내가 시련을 견딜 수 있었는지도 모른다.

첫째는 남에게 절대 신세지지 않는 것이다. 뭔가를 받으면 반드시 상응하는 것으로 되갚아 주어야 두 다리를 뻗고 편히 잘 수가 있었다. 어릴 때 부모님에게조차 신세지기 싫어 혼자 알아서 하던 게 평생 몸에 익은 탓이다. 법무연수원장을 끝으로 검찰에서 용퇴한 뒤 오랜만에 대학 동창회에 나갔을 때의 일이다. 몇 년 위 선배 한 분이 나를 보더니 반갑게 인사를 건넸다.

4.
옳고 바른 길로 나아가면 삶의 보람과 만난다

"내가 정 원장에게 꼭 한번 밥을 사야 할 일이 있어요."

"이제 저는 시간 많으니까 선배님 좋을 때 뵙지요. 그런데 무슨 일이 있습니까?"

"오래전 정 원장이 처음 영등포지청에 검사로 임관해 왔을 때 내가 영등포 체신청 공무원으로 일하고 있었어요. 대학 후배가 검사로 왔다기에 반가워서 인사하러 간 적이 있었지요. 그때 정 원장이 아주 반갑게 나를 맞아주었어요. 며칠 후 내가 식사나 한번 하자고 제의했더니 좋다고 하더군요. 그래서 같이 식사를 했는데, 밥을 다 먹고 계산하러 갔더니 정 원장이 먼저 계산을 했다는 거예요. 내가 사야 하는 거였는데 말이야. 아무튼 그 일이 굉장히 인상적이었어요. 빚을 진 거죠. 그러니 이번에는 내가 밥을 사야 해요."

"아, 그렇군요. 저는 까맣게 잊고 있었습니다. 좋습니다. 언제든 사 주시면 먹겠습니다."

둘째는 불쌍하고 어려운 사람을 보면 조금이라도 도움을 주고 싶은 마음이 강한 것이다. 내가 힘든 일을 겪어 봤기에 그 심정을 잘 알기 때문이다. 작은 것 하나라도 보태 주고 말 한마디라도 따뜻하게 건네야 마음이 편했다. 인왕초등학교에서 교사로 있을 때 내가 담임하던 반에 머리는 좋은데, 가정 형편이 어려워 매달 내야 하는 육성회비를 내지 못하는 아이들이 있었다. 나는 얼마 되지 않는 월급에서 일부를 떼서 이 아이들의 육성회비를 몰래 내준 적이 있다. 환경이 어려운 학생에게 학습 자료를 사주기도 했다. 교직을 떠나 검사로 일할 때 어떻게 알았는지 스승의 날만 되면 그때 그 아이들이 축전이나 꽃바구니 등을 보내오곤 했다. 아이들이 보내온 선물을 보면 그렇게 고마울 수가 없었다.

눈물 젖은 빵의 가치와 의미는 먹어 본 사람만이 알 수 있는 법이다.

셋째는 끝까지 정의감을 잃지 않아야 한다는 생각을 간직한 것이다. 검사가 다루는 사건 중에는 정치적으로 민감한 사건이 있다. 실제로 정치권이 관여된 사건도 있지만 법적으로 아무런 정치적 요인이 없는데도 정치적으로 해석되기 십상인 사건이 있다. 수사가 시작되면 이런 내용을 미리 윗선에 전달하고, 수사 진전 상황을 수시로 보고해 사건의 실체를 정확히 인지할 수 있도록 했다. 그러면 수사 과정에서 혹여 정치권이나 외부의 압력이 들어오더라도 상사들이 사실은 그게 아니라며 오해를 불식시키는 방패막이 역할을 해주기도 했다. 그러다 보니 나는 수사를 진행하면서 정치적 외압을 느껴 보지 못했고 끝까지 실체적 진실을 밝혀낼 수 있었다. 나는 검사로서 입바른 소리를 해도 상대방을 존중하고 배려하면서 바른말을 하려 노력했기에 다른 사람과 사이가 틀어지는 일이 별로 없었다. 내가 추구하는 정의는 사람을 보듬고 살리는 따뜻한 정의였지 사람을 몰락시키고 죽이는 차가운 정의가 아니라는 믿음에서였다.

이 기회를 빌려 고위 공직자들에게 한마디 권고하고 싶은 게 있다. 적어도 1급 이상 고위 공직에 오르게 되면 그때부터는 자기 스스로 자신의 임기를 정하라는 것이다. 언제든 그만둘 각오를 하고 일하라는 말이다. 그렇게 하면 영혼 있는 공직자로서 소신껏 일할 수 있게 되리라 생각한다.

"웬만하면 소송하지 말고
대화로 해결해 보십시오"

법보다 중요한 건 서로에 대한 존중과 이성적인 타협이다

"저는 오늘 피고인 이용구… 아니, 내가 세상에서 가장 사랑했던 우리 아빠… 천사 같은 우리 아빠를 위해… 본 변호인… 마지막 변론을 하겠습니다. 정의의 이름으로… 아빠를… 용서… 하겠습니다."

2013년에 개봉해 1천만 관객을 돌파하며 흥행 돌풍을 일으킨 영화 〈7번방의 선물〉에서 주인공 이용구의 딸 예승이가 성장해 변호사가 되어 법정에서 눈물을 흘리며 변론했던 명대사다. 관객들은 예승이 역을 맡은 배우 박신혜 씨의 절절한 변론을 들으며 함께 눈시울을 적셨다.

돈과 권력에 맞서 약자들을 보호하며, 진실을 밝혀내기 위해 온갖 위험을 무릅쓰고 정의의 편에서 악전고투하는 영화나 드라마 또는 소설 속의 변호사들을 보고 사람들은 박수갈채를 보내면서 변호사 하면 대개 이와 같은 이미지를 떠올린다.

그러나 이는 영화나 드라마 또는 소설 속의 세계일 뿐이다. 현실 속에서 변호사는 그 어떤 직업을 가진 사람들보다 처절하고 분주하다. 의뢰인에게 자신을 알리고 믿음을 심어 줘서 소송을 맡아 재판에서 이겨야만 자신의 가치를 드러내고 그에 따른 보수를 받을 수 있기 때문이다. 검사나 판사는 국가로부터 월급을 받고 국가를 위해 일하지만 변호사는 의뢰인으로부터 수임료를 받고 의뢰인을 위해 일한다. 같은 법조인이지만 구조와 생리가 다른 것이다.

예전에는 사법시험 합격자 수가 많지 않았기에 변호사도 많지 않았다. 하지만 지금은 로스쿨이 만들어지면서 변호사시험을 통과한 사람들이 늘어나 변호사 사이에도 치열한 경쟁이 생겨나게 되었다. 2015년 7월 31일 기준으로 대한변호사협회에 등록된 변호사 수는 19,835명이며, 이중 개업한 변호사 수는 16,480명이었다. 서울지방변호사회 법제연구원에서 발간한 '적정 변호사 수에 대한 연구'에서는 2050년이 되면 우리나라 변호사 수가 72,952명까지 늘어날 것으로 전망했다. 한정된 법조 시장에서 변호사 공급이 늘면 변호사 수입이 점점 줄어들 것이라는 우려 때문에 근래에는 국선전담 변호사나 정부 주도의 법무공단, 또는 사내 변호사 등에 지원하는 사람들이 늘어나고 있다고 한다. 그래서인지 신문이나 인터넷 등을 보면 '이혼 전문 변호사 ㅇㅇㅇ', '저작권 전문 변호사 ㅇㅇㅇ', '의료 전문 변호사 ㅇㅇㅇ' 하는 식으로 변호사가 스스로 자신을 알리는 광고를 하는 것을 볼 수 있다.

2004년 5월 말로 검찰에서 용퇴한 나는 잠시 법무법인 로고스에서 대표변호사를 맡은 적이 있다. 평생 검사로 수사만 하며 살아온 내

4.
옳고 바른 길로 나아가면 삶의 보람과 만난다

가 뒤늦게 변호사 생활을 하게 되면서 의뢰인들을 만나 겪게 되는 일들은 난생처음 접하는 낯선 장면들이었다. 검사는 수사를 잘해서 실체적 진실을 밝히고, 범죄자에게 상응하는 처벌을 받도록 하는 게 일을 잘하는 것이지만 변호사는 의뢰인들로부터 소송을 많이 맡아 재판에서 승소해 상응하는 수임료를 받아 내는 게 일을 잘하는 것이다. 의뢰인이 원한다면 법적으로 하자가 없는 한 어떤 일이라도 해서 재판에 이기는 것이 우수한 변호사이다. 아무리 봐도 내 성격이나 체질하고는 잘 맞지가 않았다.

"변호사님, 이번에는 꼭 이혼할 수 있게 해주세요. 재산 분할이나 양육권 문제도 최대한 제게 유리하게 판결을 이끌어 주셔야 해요. 그 사람하고는 도저히 같이 살 수가 없어요."

의뢰인이 변호사에게 이렇게 호소하거나 요구한다면 변호사는 이런 대답을 내놓아야 의뢰인이 수긍한다.

"걱정하지 마십시오. 저희 사무실은 이혼 소송 전문입니다. 재산 분할 최대한 받게 해드리고, 양육권도 가져오도록 최선을 다하겠습니다."

그렇게 자신감을 보이면서 희망을 심어 주어야 하는데 나는 그런 말을 잘 하지 못했다. 의뢰인에 대한 내 대답은 이런 식이었다.

"저기… 사연을 들어 보니 두 분 사이에 화해의 소지가 전혀 없는 게 아니던데, 웬만하면 소송하지 말고 대화로 해결해 보십시오. 부부가 살다 보면 별일을 다 겪게 되지 않습니까? 아직 아이들도 어리고요. 서로 한 발씩만 뒤로 물러서면 분명 타협점이 보일 겁니다. 그래도 안 되면 그때 소송을 하시지요."

변호사는 다툼과 분쟁 속에서 살아가는 직업이다. 소송이 없으면 변호사도 필요가 없다. 물론 영화에서처럼 돈과 권력에 맞서 법과 정의를 수호하고, 약자와 소수자 편에 서서 정당한 권리를 지켜 내는 변호사들도 있지만 대부분의 경우 기업이나 개인의 민사소송과 형사소송을 맡아 의뢰인이 원하는 정의와 인권을 지켜 주는 게 변호사의 역할이라 할 수 있다.

하지만 나는 다툼이나 분쟁을 그다지 좋아하지 않았기에 소송을 작정하고 찾아온 의뢰인에게 소송에서 승소가 어려운 점을 밝히거나 사건을 수임한 후 전관을 이용한 무리한 영향력 행사를 은근히 원하는 경우 수임을 거부하기도 했으니 변호사로서는 도무지 제 역할을 다하지 못한 셈이었다. 치밀하게 사건을 수사해 그 결과를 보고서로 작성하고, 오직 실체적 진실에만 입각해서 공소장을 쓰는 일에 익숙했던 나에게는 현란한 말솜씨와 공격적인 변론도 몸에 맞지 않는 옷처럼 낯설기만 했다. 다른 변호사 중에는 나를 지켜보면서 아무래도 변호사 적성이 아닌 것 같다는 충고를 해주는 사람도 있었다.

그즈음 중앙선거관리위원회로부터 상임위원을 맡아 달라는 제의가 들어왔다. 결국 나는 3개월 만에 법무법인의 대표변호사직을 사임했다. 검사 생활 30년 동안 우직하게 외길을 걸어왔던 내가 불과 3개월 만에 변호사 생활을 그만둔 것은 그만큼 내 길이 아니라고 생각했기 때문이다.

중앙선거관리위원회
상임위원을 그만둔 이유

자리에 연연하면 자기 소신과 철학을 펼칠 수 없다

　　　　중앙선거관리위원회는 선거와 국민투표의 공정한 관리 및 정당과 정치자금에 관한 사무를 담당하는 헌법기관이다. 임기가 6년인 아홉 명의 위원은 대통령이 임명하는 3인, 국회에서 선출하는 3인과 대법원장이 지명하는 3인으로 구성되며, 위원장과 상임위원은 위원 중에서 호선한다. 지방자치제도가 시행된 이후 각종 선거가 늘어나고, 인터넷과 SNS 등이 발달하면서 다양한 형태의 선거법 위반행위가 발생함에 따라 점점 조직이 거대해져 중앙과 17개 시·도, 251개 구·시·군, 3,487개 읍·면·동에 각각 선거관리위원회를 두고 있다. 대통령선거와 임기 만료에 따른 국회의원 선거를 실시할 때만 재외공관에 재외선거관리위원회가 한시적으로 설치된다.

　　민주주의의 꽃은 선거다. 국가수반인 대통령을 비롯해 입법부를 구성하는 국회의원과 각 시·도의 광역자치단체장, 그리고 구·시·군의 기초자치단체장이 모두 국민들의 직접 선거로 선출된다. 따라서 공명정대한 선거 관리야말로 아무리 강조해도 지나치지 않을 만큼 중요한 국가적 업무라 할 수 있다. 나는 중앙선거관리위원회의 요청에 따라 흔쾌히 상임위원직을 수락했다. 마침 변호사직에 대한 회의가 있던 차에 어느 한쪽에 치우침 없는 공정한 법 집행과 관리는 또 다른 도전의 가치가 있는 공직이라 생각했기 때문이다.

2004년 10월 1일 나는 중앙선거관리위원회 제12대 상임위원으로 취임했다. 관례상 위원장은 대법원 대법관이 맡고 있었다. 대법관은 대법원 일을 봐야 했기에 사실상 상임위원이 방대한 중앙선거관리위원회를 이끌어 가야 했다. 밖에서 보던 것과 달리 중앙선거관리위원회에서 하는 일들이 굉장히 많았다. 선거와 관련된 각종 규칙을 제정하고, 선거 범죄와 각 정당의 선거 비용을 조사하며, 선거법 위반행위에 대해 상응한 조치를 취해야 했다. 아울러 불법시설물이나 불법선전물 등을 단속하고, 선거법 위반행위를 예방하며, 정치관계법에 대한 제·개정 의견을 제출해야 했다. 2000년에 들어서 각 시·도 교육위원 선거와 교육감 선거 관리 업무까지 맡게 되었고, 2004년부터는 각 선거 후보자들 간의 대담과 토론회를 활성화하기 위해 선거방송토론위원회와 인터넷선거보도심의위원회를 설치했으며, 2005년 이후에는 산림조합장과 농·수·축협 조합장 선거, 국립대학 총장 선거 등을 위탁 관리하게 되었다.

나는 업무를 두루 익히면서 능동적으로 개혁해야 할 일들을 처리하기 시작했다. 내가 파악한 바로는 중앙선거관리위원회가 독립된 헌법

4.
옳고 바른 길로 나아가면 삶의 보람과 만난다

기관임에도 불구하고 행정이 침체되어 있고, 조직도 경직되어 있었다. 시대의 흐름을 정확히 읽지 못한 것이다. 이미 다른 부처에는 없어진 지 오래인 서류에 형식적으로 붙이는 띠지 같은 게 그대로 남아 있었다. 출퇴근할 때도 일일이 총무과장이 나를 영접하거나 환송하기 위해 대기하고 있었다. 그냥 나 혼자 편안하게 출퇴근하면 될 일을 굳이 총무과장이 나를 위해 대기하느라 시간을 소모할 필요가 뭐가 있는가? 나는 이런 불필요하고 권위적인 관행이나 제도를 다 없앴다. 조직도 효율적이고 능률적으로 개편했다.

상임위원으로 분주하게 일하는 중에도 시종일관 머릿속을 떠나지 않는 의문점이 있었다.

'중앙선거관리위원회면 정부, 국회, 대법원, 헌법재판소와 더불어 대한민국을 대표하는 5대 헌법기관인데, 이런 막중한 업무를 처리하는 위원장 자리를 왜 대법관이 겸직하도록 하는 걸까? 대법관은 대법원장의 관할 아래 있으니 형식적으로 보자면 중앙선거관리위원회가 대법원 산하 기관처럼 보일 게 아닌가? 이건 좀 문제가 있는 것 같다. 명실공히 헌법기관으로서의 위상을 정립하고 제 역할을 다하게 하려면 위원장을 대법관이 겸직하도록 하는 관행을 없애고, 전적으로 중앙선거관리위원회 일만 전담하는 독립적인 위원장을 둬야 한다.'

이것이 내 생각이었다. 나는 기회 있을 때마다 사무처 등 중앙선관위 직원들과 식사를 하거나 차를 나누면서 넌지시 이들의 의견을 물어봤다. 그랬더니 대부분 내 생각과 동일했다.

"위원장님 결재를 받을 일이 있으면 서류를 들고 대법원을 갔다 와야 합니다. 불편한 건 고사하고 중앙선관위의 체면이 말이 아니라는 생각에 기운이 나질 않습니다. 똑같은 헌법기관이고, 중립성 차원에서 보자면 그 어느 기관보다 독립적이어야 하는데, 우리가 왜 대법원에 가서 결재를 받아야 합니까? 중앙선관위가 대법원에 예속된 기관이 아니지 않습니까?"

"사실은 그동안 위원장님이나 상임위원님 입장을 생각해서 말을 못하고 그저 속으로만 애태우고 있었는데… 이 문제는 중앙선관위가 해결해야 할 최대의 과제이자 숙원입니다. 위원장님이 어때서가 아니라 대법관이 위원장을 겸직하는 관례가 없어지지 않는 한 중앙선관위가 시대 흐름에 발맞춰 변화하면서 정치 개혁을 선도하기는 어려울 거라고 생각합니다."

그러나 직원들은 이를 공개적으로 거론할 수가 없었다. 그렇게 되면 대법관인 위원장보고 물러나라고 하는 모양새가 되고, 독립적인 위원장이 부임하면 중앙선관위에 상근하는 상임위원도 필요 없게 되니 상임위원에게도 자리를 비켜 달라고 말하는 격이 되기 때문이었다. 다시 말해서 조직원들이 독립과 개혁이라는 명분으로 조직을 이끌어 가는 수장들을 모두 바꿔 달라고 요구하는 항명의 성격을 띠게 되는 셈이었다.

그럼에도 불구하고 중앙선관위의 업무나 조직에 대해 알고 있는 사람들 가운데 대다수는 중앙선관위가 헌법기관으로서 독립적 지위를 갖는 데 대해 찬성했다. 과거 우리나라 정치문화가 후진적 행태를 벗어나지 못하고, 선거에서 부정과 불법과 탈법이 횡행하던 시절에는 공명정대한 선거 관리를 위해 중립성을 인정받는 판사가 기관장을 맡는 게 타당한 측면이 있었지만, 이제는 경제협력개발기구OECD 회원국으

4.
옳고 바른 길로 나아가면 삶의 보람과 만난다

로서뿐만 아니라 세계 경제에서 차지하는 위상 등을 고려했을 때 중앙선관위가 헌법기관으로서 독립적 지위를 갖는 것은 너무나도 당연한 이야기였다.

나는 상임위원으로 있는 동안 이 문제 하나만큼은 확실하게 처리해 놓고 물러나리라 결심했다. 정치적으로 풀어야 하는 문제라서 영향력을 가진 사람들을 만날 때마다 이 문제를 꺼내 우호적인 분위기를 만들어 내려고 애를 썼다. 아울러 법률을 개정해야 했기에 국회의원들을 만나 설득하는 일에도 열심을 냈다. 소관 상임위원회에서 개정된 법률안을 통과시키면 이 법률안이 다시 법사위원회로 넘어가 통과되어야 국회 본회의에서 표결에 부칠 수가 있었다. 첩첩산중이었던 셈이다. 길게 보고 하나하나 난계석으로 넘어가야만 하는 일이었다.

국회의원들 한 명 한 명을 개별적으로 만나 이야기를 나눠 보면 다들 내 생각이나 취지에 공감을 표시했다. 원론적으로 그렇게 하는 것이 마땅하다는 것이었다. 그런데 여당과 야당 의원이 한데 섞인 상임위원회에만 가면 이야기가 달라졌다. 여당과 야당의 기 싸움과 얽히고설킨 이해관계에 따라 어제 말하던 내용과 오늘 말하는 내용이 바뀌었으며, 찬성과 반대가 뒤집어지고, 얼토당토않은 사항들이 추가되기도 했다. 때로는 내가 누구를 위해 이런 일을 해야 하나 허탈한 기분이 들기도 했지만 소명감을 가지고 끈기 있게 이 일을 추진했다.

그 결과 드디어 법률 개정안이 소관 상임위원회를 통과했다. 얼마나 기뻤는지 모른다. 이제 법사위원회만 통과하면 본회의에 안건을 상정할 수 있었다. 여당이나 야당 어느 한쪽에 정치적 손해를 가져다주는 일이 아니었기에 본회의에 상정만 되면 의결될 가능성이 높았다. 그렇게만 된다면 중앙선관위가 40여 년 만에 독립된 헌법기관으로 다시 태어나는 것이었다.

그런데 법사위원회가 문제였다. 아무리 설득을 하고 노력을 해도 법사위원회는 여야 간 득실 계산에 바빠 요지부동이었다. 이해가 되지 않았지만 아쉬운 건 그들이 아니었기에 인내를 거듭하며 기다리는 수밖에 없었다. 여당 국회의원을 만나 보면 야당 때문에 심의 의결이 어렵다고 하고, 야당 국회의원을 만나 보면 여당 때문에 심의 의결이 어렵다고 상대방 핑계만 댔다. 그러나 속셈은 독립적 지위를 갖는 위원장이 어느 쪽에 더 유리한가에 대한 주판알 튕기기에 바빴던 것이었다. 그러다가 선거철이 다가오자 다들 관심이 다른 데 가 있어서 모든 논의가 유야무야되었다. 정치라는 게 이래서 참 어렵고, 정치인들은 정말 알 수 없는 존재라는 걸 뼈저리게 실감할 수 있었다.

"내가 풀고야 말겠다던 핵심 과제가 해결되지 못한 마당에 더 이상 재임할 의미가 없으니 그만 물러나야 할 것 같습니다. 상임위원으로 일하면서 그것 하나만은 꼭 이루어 놓고 싶었는데, 아쉽습니다. 하지만 언젠가는 꼭 그렇게 될 겁니다. 그만두더라도 밖에서 중앙선관위의 독립성 확보와 헌법기관으로서의 위상 정립을 위해 할 수 있는 일을 하겠습니다."

내가 퇴임하기를 은근히 바라던 사람도 있었겠지만 대부분의 직원들은 내가 물러나는 것을 한사코 만류했다. 그렇지만 나로서는 마땅히 해야 할 일을 하지 못한 이상 자리에 연연하고 있을 수는 없었다. 적당히 일하고, 대충 알아서 처신하며, 두루뭉술하게 세월을 보내는 건 내

4.
옳고 바른 길로 나아가면 삶의 보람과 만난다

체질이 아니었다. 장관급 직위였기에 신분과 임기가 보장된 데다 대우도 좋았고, 어딜 가도 빠지지 않는 품격이 보장되는 지위였다. 그러나 정작 중요한 일을 할 수 없고, 원칙과 소신과 철학을 지킬 수 없다면 그런 자리가 무슨 꽃자리일 수 있겠는가?

2006년 9월 24일, 나는 3년 임기가 보장된 중앙선거관리위원회 상임위원직에서 2년여 만에 물러났다. 검찰에서 용퇴한 뒤 두 번째로 써 보는 사표였다. 이러다가 사표 쓰는 일이 습관이 되지 않겠느냐며 스스로에게 농담을 던져 보기도 했지만 후회는 없었다. 하지만 그때 이후 지금까지도 헌법기관인 중앙선거관리위원회 위원장을 대법관이 겸직하도록 하는 관행은 바뀌지 않고 그대로 이어져 오고 있다.

버스를 타고 방방곡곡을 돌아다니면서 법률 봉사를 하다

받은 만큼 돌려주는 게 인간의 도리다

"그 사람 착하고 선량하기가 이를 데 없어. 정말이지 법 없이도 얼마든지 살 사람이야."

주변에서 마음씨 고운 사람을 칭찬할 때 이런 표현을 쓰곤 한다. 법으로 통제하고 구속하지 않아도 천성이 반듯해 법에 어긋나는 일을 하지 않을 사람이라는 뜻이다. 하지만 실제 삶 속에서 법 없이 산다는 게 과연 가능할까? 법률관계는 쌍방향적이다. 상대방이 있어야 법률관계가 성립한다. 복잡한 현대 사회를 살아가면서 누군가와 관계를 맺지 않고 살 수는 없다. 따라서 나만 바르게 산다고 법이 필요 없는 것은 아니다. 다른 사람과의 관계 속에서 어떤 형태로든 법률관계가 발생할 수 있기 때문이다. 그러므로 법 없이 살 사람이라는 칭찬을 듣는 사람이라도 현대인의 삶에 필요한 기본적인 법률지식은 갖추고 있는 것이 좋다.

4.
옳고 바른 길로 나아가면 삶의 보람과 만난다

그러나 법을 전공하지 않은 사람들은 기초적인 법률지식조차 갖추고 있지 못한 경우가 많다. 특히 생활 형편이 어려운 취약계층이나 소외계층 사람들의 경우에는 거의 대부분이 법률지식에 문외한이다. 이처럼 경제적으로 어렵거나 법을 잘 몰라서 법의 보호를 충분히 받지 못하는 국민들에게 법률적 지원을 해주기 위해 설립된 법무부 산하 공익법인이 바로 대한법률구조공단이다. 1972년에 대한법률구조협회가 만들어져 활동하다가 이를 더욱 활성화시켜 국민의 권익을 증진할 목적으로 1987년 9월에 발족되었다.

당장의 호구지책과 노후에 필요한 생활자금을 마련해야 한다는 당위성으로 중앙선관위 상임위원에서 물러난 뒤 1년 9개월 동안 종사한 변호사직을 그만두고 2008년 6월 20일 나는 제9대 대한법률구조공단 이사장으로 취임하였다. 김경한 법무부 장관의 권유에 의해서였다. 나는 마지막으로 국가에 봉사할 좋은 기회라고 여겼다. 취약계층과 소외계층을 찾아다니며 법률 서비스를 제공하고, 어려운 처지에 빠진 사람들에게 희망을 선사하는 일이야말로 내 생리에 맞는 일 가운데 하나였다. 공단의 임원은 이사장과 감사 각 한 명에 열세 명 이내의 이사로 이루어져 있었다.

법률구조 대상이 되는 사건은 국가를 상대로 하는 사건을 제외한 모든 민사와 가사 사건, 형사 사건, 행정소송 및 헌법소원 사건이다. 법률구조 대상자는 농민과 어민, 월평균 수입 200만 원 이하의 국민, 국가보훈 대상자, 6급 또는 6급 상당 이하의 공무원, 물품을 사용하거나 용역을 이용해 피해를 입은 소비자, 가정폭력과 성폭력으로 피해를 입은 여성, 헌법재판소에서 공단 소속 변호사나 공익 법무관을 국선 대리인으로 선정한 사건의 청구인, 국내 거주 북한 이탈 주민, 생활이 어렵고 법을 몰라 법적 수단을 강구하지 못하는 국민 등이다.

"우리는 앉아서 제 발로 찾아오는 민원인을 상대하는 공무원이 아닙니다. 어디 가서 무슨 도움을 받아야 하는지조차 모르는 가난하고 어려운 사람들을 직접 찾아가서 그분들의 고충을 듣고 애로사항을 구체적으로 해결해 드리는 최상의 법률 서비스를 제공하는 도우미들이 되어야 합니다. 그렇게 해야만 대한민국이 최고의 법률 복지 국가로 도약할 수 있습니다."

나는 취임사에서 밝힌 대로 "최상의 법률 서비스, 최고의 법률 복지 국가"라는 공단의 경영 이념을 정립시켰다. 소송비용을 낼 수 없는 사람들을 위해 무료법률구조제도를 확대했으며, 국번 없이 '132'로 전화하면 언제든 통화할 수 있는 전화법률상담을 시행하면서 공단 홈페이지를 통해 사이버 법률상담도 실시했다. 전국 법원과 검찰청이 있는 지역 18개에 지부가 설치되어 있었지만 농어촌 주민들에게는 접근성이 떨어졌기 때문에 2009년부터 2011년까지 법률 취약 지역에 45개의 지소를 더 설치해 운영하도록 했다. 빈부 격차가 심화되고 경기 침체가 장기화 되면서 파산을 신청하는 사람들이 늘어나자 2009년 서울에 개인회생·파산종합지원센터를 설치했고, 2010년에는 대구에, 2011년에는 부산에도 같은 센터를 개설했다. 가까운 곳에 전화를 걸거나 찾아가기만 하면 언제든 법률 서비스를 받을 수 있었다.

하지만 이것만 가지고는 부족했다. 국민들이 피부로 느낄 수 있는 보다 적극적이고 현실적인 접근이 필요했다. 나는 전국 방방곡곡을 돌

4.
옳고 바른 길로 나아가면 삶의 보람과 만난다

아다니며 법률 서비스를 제공할 수 있는 버스를 만들도록 했다. 버스 내부를 개조해 편안하게 앉아 상담할 수 있는 시설을 갖추었다. 2009년 7월부터 이 버스로 법률 취약 지역을 돌아다니면서 법률상담과 소송수임을 시작했다. 시골 장터에 버스를 세워 두고 장을 보러 온 주민들을 상대로 법률상담을 실시하자 지역민들의 반응이 아주 좋았다. 처음에는 한 대로 시작했지만 호응이 좋은 데다 후원자들이 나타나 순회 상담 버스를 더 늘리는 방안을 추진했다.

어떤 직원이 이동 법률상담 버스를 타고 강원도를 갔을 때의 일이다. 한 촌로가 한참을 망설이다가 버스로 올라왔다고 한다. 표정이 몹시 어두웠다. 뭔가 속내를 끓이던 말 못할 사정이 있는 것 같았다.

"할아버지, 무슨 일 때문에 그러세요? 뭐든 다 말씀해 보세요. 도와드릴게요."

"아 글씨… 나가 오래 알고 지낸 이웃 사람에게 돈 500만 원을 빌려 줬는디, 여적 안 갚는 거래요. 준다준다 말만 허고 안 주니 어찌해야 좋을지… 속이 다 타들어 가요."

"차용증 같은 거 쓰셨습니까? 돈 빌려 줬다는 문서 같은 거 말이에요?"

"에이 그런 게 어딨어요? 우리는 그런 거 안 써도 다 믿고 주고 그래요. 어떤 사람이 도시에 나가서 변호사를 찾아가 송사를 하면 받을 수 있다던데… 그렇게 해서 받아 봐야 변호사 송사비용 주고 나믄 뭐 남는 게 있겠어요? 그냥 도둑맞은 셈치고 잊고 살라 했는데, 젊은 사람들이 이 버스에 가서 물어보면 받을 수도 있다고 해서 혹시나 하고 왔어요."

"잘 오셨습니다, 할아버지. 저희들이 법적으로 돈 받으실 수 있도록

다 처리해 드릴게요."

　농촌에서 전답을 일구며 살아가는 노인에게 500만 원이면 엄청나게 큰돈이었다. 이웃의 어려운 사정을 듣고 차용증도 없이 선한 마음으로 빌려준 돈을 떼였으니 얼마나 마음고생이 심했을 것인가? 공단 직원들은 자료를 수집하고 서류를 작성해서 촌로를 도와 빌려준 돈 500만 원을 받을 수 있게 해주었다. 그 직원은 복권에 당첨된 것처럼 좋아하던 할아버지의 활짝 웃는 얼굴이 두고두고 떠오른다고 했다. 누군가에게 도움을 준다는 건 이렇듯 즐겁고 기쁜 일이다.

　취약계층과 소외계층 중에는 다문화 가정 사람들도 많았다. 행정안전부가 발간한 〈2009 지방자치단체 외국인 주민 현황〉을 보면 결혼 이민자 수는 125,673명, 국적 취득자는 73,725명이었다. 대한민국 안에 거주하는 다문화 가정 인구가 20만 명가량이었던 것이다. 농어촌 지역에서 한국인 신부를 맞이할 수 없는 남성들이 중국, 베트남, 필리핀 등 아시아 여성들과 결혼하면서 다문화 가정은 급속한 속도로 증가했으며, 이들 가정에서 태어난 아이들 또한 빠른 속도로 늘어났다. 한국의 문화와 풍습에 익숙하지 않고, 경제적으로도 넉넉하지 않았던 이들 역시 법률구조의 대상이었다. 필리핀과 태국은 6·25전쟁 때 군인을 파병해 목숨 걸고 대한민국을 지켜 주었던 나라다. 이제 우리가 조금 잘 살게 되었다고 같은 아시아 국가에서 시집온 여성들과 그들이 낳은 아이들을 홀대한다는 건 은혜를 저버리는 일이었다.

　나는 경상북도 김천시에 법문화교육센터를 마련해 2011년 6월 개원식을 가졌다. 세금을 들여 새로 지은 게 아니라 김천 시장의 흔쾌한 협조를 얻어 폐교되는 대학을 무상 임대해 리모델링한 것이다. 각 지

4.
옳고 바른 길로 나아가면 삶의 보람과 만난다

역에 있는 다문화 가정 식구들을 초청해 1박 2일이나 2박 3일 일정으로 대한민국 국민으로 살아가는 데 필요한 교육을 하면서 법률 서비스를 제공하는 시설이었다. 사람들의 반응은 정말 뜨거웠다. 매년 초가 되면 예약이 폭주해 1년 교육 일정이 꽉 찰 정도라고 한다.

3년이 훌쩍 지나갔다. 나는 2011년 6월 19일 퇴임식을 갖고 임기를 모두 채운 채 물러났다. 이번에는 사표의 '사' 자도 생각해 본 적이 없었다. 다만 연임은 추호도 생각지 않았다. 새 이사장이 새로운 분위기로 창조적인 일을 하도록 해야 한다고 생각했다. 내가 받은 사랑만큼 돌려주며 산다는 건 인간의 도리인 동시에 인간에 대한 예의임을 알게 된 정말 보람 있는 시간이었다.

○ 공직에서 물러난 뒤 나는 서울 마포에 있는 산마루교회에서 노숙인들과
함께 예배를 드리면서 애환을 나누었고, 예배 후에는 그들에게
식사를 대접하는 작은 봉사를 2년 동안 계속했다. 그때마다 가슴이 따뜻해지는 건
그들이 아니라 바로 나 자신임을 느끼게 되었다. 배고픈 설움은 굶어 본
사람만 안다. 내 남은 인생 소외된 사람들에게 따뜻한 밥 한 그릇 같은
존재가 되어 살아갈 수 있다면 더 바랄 게 없을 것이다.

5

인생은 결국
봉사하다 떠나는 것이다

뜻하지 않게 맡게 된
새누리당 공천위원장

원칙대로 하면 누구에게나 떳떳할 수 있다

대한법률구조공단 이사장에서 퇴임한 뒤 나는 변호사로서 소송 활동을 하지 않기로 하고, 서초동에 있는 작은 사무실을 마련하여 그동안 하지 못했던 여러 가지 일을 하며 시간을 보내고 있었다. 그러던 2012년 1월 하순 어느 날, 등산을 하고 있는 와중에 한나라당 박근혜 비상대책위원장으로부터 내 휴대전화로 연락이 왔다. 당시 한나라당은 2011년 10월 홍준표 대표가 사퇴한 뒤 박근혜 비상대책위원장이 당을 이끌고 있었다. 내용인즉 공천위원장을 맡아 달라는 것이었다. 나로서는 짐작조차 하지 못한 뜻밖의 제안이었다. 평생 법조인으로 살아온 내게 정치는 몸에 잘 맞지 않는 옷과 같았다. 그나마 정치권과 인연을 맺은 것이라면 2년 동안 중앙선거관리위원회 상임위원으로 일한 때가 전부였다. 나는 능력도 자격도 부족한 사람이라며 제안을 정중하게 고사했다.

"정부 여당이 이렇게 어려울 때 돕는 것은 나라를 위해 봉사하는 게 아니겠습니까? 정홍원 이사장님 같은 분이 공천 심사를 맡아 주시면 안심이 되겠습니다. 도와주십시오."

그러나 이처럼 거듭해서 요청을 하는데, 더 이상 거절할 수만은 없었다. 간곡한 부탁에 승낙을 하고 말았다. 생각해 보니 박근혜 비상대책위원장과는 과거 인사를 한 번 나눈 정도의 인연뿐이었다. 무슨 대단한 인연이나 관계가 있었던 게 아니었다. 그런데도 평생 법조인으로 정도를 걸어왔다는 주변의 평판을 듣고 내게 임무를 맡기기로 한 것으로 생각되었다.

2012년 1월 31일 나는 한나라당 공천위원장에 선임되었다. 함께 선임된 공천위원은 부위원장인 정종섭 서울대 법대 학장을 포함해 유명 뮤지컬 제작자인 박명성 대표, 건강 밥상으로 대중에 널리 알려진 한영실 숙명여대 총장, 항공우주학 전문가인 박승오 카이스트 교수, 정동극장장을 지낸 홍사종 미래상상연구소 대표, 서병문 중소기업중앙회 부회장 등 외부 인사 7명을 포함한 10명이었다.

2월 2일 공천위원들이 박근혜 비상대책위원장으로부터 공식적으로 임명장을 받았다. 임명장 수여식이 끝난 뒤 나는 기자들과 몇 마디 인사말을 주고받은 다음 박근혜 비상대책위원장에게 단독 면담을 신청했다. 방 안에 둘만 남게 되자 나는 조심스럽게 말문을 열었다.

"지난 18대 총선 당시 친이계가 친박계를 공천에서 대거 탈락시켜 친박계 의원들이 무소속으로 출마하기도 하고 친박연대라는 당을 만들기도 했던 걸 잘 알고 있습니다. 언론에서는 이를 두고 '학살'이라고 표

5.
인생은 결국 봉사하다 떠나는 것이다

현을 하더군요. 그래서 많은 사람들이 이번 19대 총선 공천 심사에서는 거꾸로 친박계가 친이계를 대거 탈락시킬 거라고 예상하고 있습니다. 그런데 실제로 그렇게 되면 당이 깨지는 것은 물론 공천이고 뭐고 선거 결과는 자명해질 겁니다. 실망한 국민들이 표를 주지 않을 게 분명하기 때문입니다. 따라서 저는 그런 식의 공천은 절대 하면 안 된다고 생각합니다. 비상대책위원장님의 생각은 어떠신지요?"

묵묵히 듣고 있던 박근혜 비상대책위원장이 차분한 어조로 대답했다.

"물론입니다. 당연히 당선 위주로 공천을 해야 한다고 생각합니다."

나는 합리적이고 대의를 먼저 생각하는 태도에 감명을 받았고 존경심을 느꼈다. 비상대책위원장 방을 나와 공천 심사장으로 향하는 내 발걸음은 가벼웠다. 사심 없이만 행하면 되겠다는 자신감이 생겼다.

한나라당 공천위원장으로서 갖게 된 첫 번째 기지 간담회에서 나는 이런 포부를 밝혔다.

"여러 가지로 부족한 제가 이 일을 감당하기에는 너무 무거운 짐이지만 나라를 위해 어떤 일을 하려면 반드시 용기와 신념이 필요하다고 생각해서 감히 맡기로 했습니다. 기본적으로 우리나라 지도자가 돼야 할 사람은 개인의 영달보다는 국리민복을 우선시하는 사람이어야 합니다. 개인의 영달을 위해 국회의원을 하겠다는 사람은 지도자의 자격이 없다고 생각합니다. 저는 엄정한 역사 앞에 무한한 책임감을 통감하면서 모든 사심을 버리고 오로지 국민과 국가를 위해 사심 없이 일할 사람을 발굴하는 데만 전념할 것을 약속드립니다."

이명박 정부 후반기로 접어들면서 민심은 하루가 다르게 요동쳤다. 각종 비리 사건이 터지면서 대통령 지지율이 10퍼센트대로 추락했으며, 2012년에 연이어 치러질 국회의원 선거와 대통령 선거에서 여당인 한나라당의 패색이 불 보듯 뻔하다는 분석이 주류를 이루었다.

공천위원회 전체 회의에서 나는 공천위원들에게 이렇게 부탁했다.

"현재 한나라당은 오는 총선에서 100석을 차지하기도 어렵다는 보도가 나올 정도로 힘겨운 상황입니다. 우리 모두 역사의 죄인이 되지 않도록 노력해야 합니다. 우리의 일거수일투족은 보이지 않는 것 같아도 사람들이 다 알게 되고 기록되는 것입니다. 만약 우리가 좋은 결과를 얻지 못하면 모든 비난을 감수해야 합니다. 그렇게 되지 않으려면 사심 없는 공천을 해야 합니다. 제가 앞장서겠습니다. 결과에 대해서도 위원장인 제가 책임을 지겠습니다. 국민들이 원하는 통렬한 반성이 드러나는 공천이 되어야 합니다. 아울러 결과에 깨끗이 승복하게 하는 능력을 보여 주는 공천이 되어야 합니다. 함께 힘을 모아 주십시오. 투명한 공천 심사에 다 같이 동참하고자 하는 강한 의지를 가져 주시기를 부탁드립니다."

공천위원들은 내 말에 다들 공감을 표시했다. 제1차 공천 심사가 진행되었다. 경쟁자 없이 단독으로 신청한 후보자들 지역구 21곳이 대상이었다. 그중에는 이재오 의원도 포함되어 있었다. 이명박 대통령 취임 후 치러진 18대 총선에서 이재오 의원 등이 중심이 된 소위 친이계는 경쟁 상대였던 친박계를 공천에서 대거 탈락시켰다. 이에 많은 친박계 정치인들이 탈당해 무소속으로 출마하거나 당을 만들었다. 이때 만들어진 당이 서청원 의원 등이 이끄는 '친박연대'였다. 한나라당은 압승을 거뒀지만 묘하게도 친이계를 주도하던 이재오 의원은 창조한국당 문국현 대표에게 패해 낙선하고 말았다. 재기를 노리던 그는 2010년

5.
인생은 결국 봉사하다 떠나는 것이다

7월 28일에 실시된 재보궐선거에서 서울 은평구을에 한나라당 후보로 출마해 민주당 장상 후보를 꺾고 다시 여의도에 입성하였다. 그는 친박계 정치인들로부터 원성의 대상이었다. 19대 총선에서는 당권을 쥔 친박계로부터 절대 공천을 받지 못할 거라는 소문이 공공연히 나돌았다.

나는 공천위원들과 논의한 끝에 별다른 이의 없이 제1차 공천 심사 후보자 21명 전원을 공천하기로 결정했다. 당연히 이재오 의원도 포함되어 있었다. 공천위원회에서 심사를 해서 결론을 내리면 그 결과를 비상대책위원회에 보고한 뒤 재의 결의가 없으면 최종 확정되게 되어 있었다. 만약 비상대책위원회에서 심사 결과에 이의를 제기하게 되면 다시 공천위원회를 열어 논의한 후 투표에 부쳐 공천위원 3분의 2 이상 찬성하게 되면 공천이 확정되게 되어 있었다.

나는 공천 심사 결과를 보고하기 위해 다음 날 비상대책위원회에 참석했다. 비상대책위원은 모두 9명이었다. 결과를 보고하자 명망 있는 사람으로 알려진 외부 영입 비대위원이 반대 의견을 개진하기 시작했다. 지난 총선 때 분란의 최고 책임자였던 이재오 의원만큼은 공천을 주어서는 안 된다는 것이었다.

"비대위원장님, 밖에서 기자들이 심사 결과 발표를 기다리고 있습니다. 공천위원장인 제가 여기서 결론이 날 때까지 자리를 지키고 있는 것은 좋은 모양새가 아닌 것 같습니다. 저는 나가 있을 테니 제가 없는 자리에서 계속 논의를 해주십시오."

나는 비대위원장의 승낙을 받고 밖으로 나와 버렸다. 부속실 밖에는 복도까지 기자들이 진을 치고 있었다.

'그래, 소신껏 하자.'

잠깐 생각에 잠겼던 나는 부속실 직원을 통해 기자들을 기자실로 모이도록 했다.

"제1차 공천위원회 심사 결과 단독 신청한 후보자 21명 전원을 공천하기로 결정하였습니다."

기자실이 발칵 뒤집혔다. 예상치 못했던 내 발표를 접한 기자들의 질문이 이어졌다.

"이재오 의원도 공천에 포함되는 겁니까?"

"물론입니다."

"공천 심사 결과가 비상대책위원회를 통과한 겁니까?"

"공천위원회에서 결정한 사항을 발표하는 것입니다."

"비상대책위원회의 승낙이 있어야 공천을 주는 것 아닙니까?"

"지금은 공천위원회의 결정을 발표하는 것이고, 최종적인 발표는 나중에 또 하게 될 겁니다."

"그러면 앞으로도 이런 식으로 공천 심사 결과를 먼저 발표하실 생각이십니까?"

"그렇습니다."

이 소식은 회의를 하고 있던 비상대책위원회에도 곧바로 전달되었다. 이재오 의원공천에 대한 논란의 장이었던 회의실은 삽시간에 나에 대한 성토장으로 바뀌었다고 한다. 어떻게 비상대책위원들이 통과시키지도 않은 공천 심사 결과를 공천위원장 독단으로 기자들에게 발표할 수 있느냐는 것이었다. 나는 아랑곳하지 않고 공천위원들이 기다리고 있는 심사장으로 돌아갔다. 공천위원들에게 사실대로 이야기하

5.
인생은 결국 봉사하다 떠나는 것이다

자 공천위원들은 모두 박수로 성원을 보냈다. 비상대책위원회와는 정반대였다.

"위원장님, 참 잘하셨습니다. 속이 다 후련합니다. 비상대책위원회가 시키는 대로 하면 안 됩니다. 앞으로도 공천위원들은 국민들만 바라보고 공명정대하게 뚜벅뚜벅 나가야 합니다."

나는 비대위의 재심 요구에 따라 그날 오후 공천위원회를 다시 소집해 이재오 의원을 포함한 21개 지역구 후보자들에 대한 공천 재심을 한 결과 위원 전원일치로 공천 안이 원안대로 통과되었다. 비상대책위원들도 공천위원회의 재심 결과를 뒤집을 수는 없었다. 이 뉴스를 접한 국민들은 구태의연한 이미지로 덧씌워져 있던 한나라당을 새로운 시각으로 바라보게 되었다.

2월 13일 비상대책위원회는 낭의 명칭을 새누리낭으로 변경하였다. 이로써 1997년 11월 21일에 창당된 한나라당이라는 이름은 15년 만에 역사 속으로 사라졌다. 당의 쇄신 작업과 개혁 공천은 더욱 속도를 냈다. 컷오프제도가 도입됨에 따라 이에 해당하는 의원들에 대한 심사를 시작했다. 공천위원회가 구성되기 전에 정해져 있던 이 제도는 당내 국회의원들에 대한 여론조사를 실시해 하위 25퍼센트에 해당되는 의원들에게는 공천을 주지 않기로 한 제도였다. 의정 활동이 부실했거나 여론이 좋지 않은 의원들을 걸러 내기 위한 조치였다.

그런데 뚜껑을 열자 김무성 의원이 이에 해당하는 걸로 드러났다. 그는 18대 총선에서 친박계로 분류되어 공천에서 탈락한 뒤 무소속으로 출마해 당선된 다음 한나라당에 복당한 인지도 높은 중진이었다. 안타깝지만 할 수 없는 일이었다. 원칙을 깰 수는 없었다. 결국 김무성 의원은 공천을 받지 못했다. 언론에서는 이번에도 그가 탈당해서 무소속으로 출마할 거라는 추측성 기사가 봇물을 이루었다. 하지만 그는 지난번처럼 탈당해서 무소속으로 출마하지 않고 당에 남아 총선과 대선 승리를 위해 기여하겠다고 발표해 당내 분위기와 여론이 더 좋아지게 되었다. 나는 그를 구제할 방법이 없을까 고민했다. 당직을 맡아 당내 일을 살피느라 지역구 관리를 못해서 컷오프에 해당되긴 했지만 그 후에 취한 그의 태도와 자세는 새누리당에 큰 도움을 주었기에 구제할 가치가 있다고 생각했다.

나는 또다시 박근혜 비상대책위원장에게 독대를 요청했다. 김무성 의원을 구제하는 것이 좋겠다는 공천위원들의 의견이 있어 고민하던 중에 비례대표로 선정해 구제하는 방법이 떠올랐지만 그것은 고도의 정무적인 판단이 필요하기에 정치적 판단이 뛰어난 박근혜 비상대책위원장의 조언을 구해 보는 것이 좋겠다는 생각이 들었기 때문이다. 그러나 비대위원장이라는 자리가 워낙 바쁜 일이 많았던 터라 좀처럼 시간을 내기 어려워 전화로 대신 이야기를 나누게 되었다.

"김무성 의원을 비례대표 명단에 포함시키면 어떨까요?"

"한 번 원칙을 깨면 다른 사람들이 왜 나만 예외냐고 주장하지 않겠습니까?"

박근혜 비상대책위원장의 판단은 정도를 걷는 것이었다. 나는 두말하지 않았다. 그렇지만 당에 많은 기여를 했으니 중요한 역할을 맡기는 게 좋겠다고 건의했고, 박근혜 비상대책위원장은 마음에 두겠다고 대답을 했다. 이후 김무성 전 의원은 대통령 선거를 위해 꾸려진 새누리당 중앙선거대책위원회에서 총괄선거대책본부장을 맡아 활약하였다.

5.
인생은 결국 봉사하다 떠나는 것이다

그러한 김무성 의원이 2016년 당대표를 맡는 동안 20대 국회의원 새누리당 공천 작업 과정에서 보인 행동에 대하여는 실망감을 지울 수 없었다.

지역구 공천 심사를 할 때는 여성 비하 발언 등으로 물의를 일으킨 사람의 경우 이미 공천을 받았더라도 즉시 공천을 취소하고 다른 사람을 공천했으며, 비례대표 공천 심사를 할 때는 다문화 가정을 대표해 방송인 겸 배우로 활동하던 필리핀 출신의 이자스민 씨에게 공천을 주는 등 사회적 약자를 배려하면서 취약계층을 대변할 수 있는 인물과 국정을 이끌어 갈 만한 능력을 갖춘 전문가들을 찾아내 국민들의 여론에 부응하려고 노력을 기울였다. 비례대표 공천을 더욱 공정하게 하기 위해 위원장인 나는 일체의 개별 공천 작업에 관여하지 않은 채 소위원회들 구성하여 그들에게 맡기면서 부석설한 후보 추천이 있으면 내가 비토하겠다고만 해두었다. 공천위원들에게는 누군가 돈을 가져오면 그 즉시 나에게 신고하라고 엄중히 요구하기도 했다.

우여곡절을 거쳐 4월 11일 치러진 제19대 국회의원 선거에서 새누리당은 152석을 얻으며 승리하였다. 예상을 뛰어넘은 압승이었다. 민주통합당은 127석, 통합진보당은 13석, 자유선진당은 5석을 얻는 데 그쳤다.

각 당의 공천 심사가 얼마나 공정하게 이루어졌다고 생각하는지를 묻는 어느 일간지의 여론조사에서 새누리당의 공천 심사가 더 공정했다고 응답한 비율은 52퍼센트였고, 민주통합당의 공천 심사가 더 공정했다고 응답한 비율은 17퍼센트였다는 보도도 있었다.

"감동을 주는 공천을 합시다."

공천위원들은 심사 작업을 진행하면서 이런 대화를 가장 많이 나누었다. 우리는 국민들에게 감동을 주려고 땀을 흘렸지만 막상 선거가 끝난 다음 국민들로부터 감동을 받은 건 나를 포함한 공천위원들이었다. 난생처음 정치판에 뛰어들어 경험해 본 정당의 공천 심사 작업은 두 번 다시는 하고 싶지 않은 온갖 권모술수가 난무하는 참으로 고된 일이었다. 어떤 기자는 내가 비례대표 국회의원을 보장받고 공천위원장을 맡은 게 아니냐고 묻기도 했지만 공천이 완료되고 선거가 끝난 직후 나는 뒤도 돌아보지 않은 채 새누리당 당사를 떠났다.

여러 가지 요인이 복합적으로 작용했지만 나는 19대 총선에서 새누리당이 패배가 불 보듯 뻔하다는 예측을 뒤엎고 승리할 수 있었던 데는 세 가지 중요한 요인이 있었다고 분석한다. 선거의 여왕으로 불리던 박근혜 비상대책위원장의 손에 붕대를 감은 채 전국을 누비던 집념 어린 투혼을 빼놓을 수 없고, 공정한 공천을 통해 국민들에게 감동을 준 것도 한몫했다고 생각하며, 또 다른 하나는 거친 막말 등을 여과 없이 쏟아내 민심이 등을 돌리게 만든 야당의 교만도 영향을 끼쳤다는 점이다.

나는 새누리당의 20대 국회의원 선거 공천 작업 과정에서 벌어지는 추태를 보면서 바로 직전의 공천 과정에서 준 교훈을 깨닫지 못하는 어리석음을 매우 애석한 마음으로 지켜보았다.

꿈에도 생각해 본 적이 없던
국무총리가 되다

공인이라면 국가보다 나를 먼저 내세워선 안 된다

　　　　　서초동 사무실로 다시 돌아온 나는 지난 몇 달이 몇 년처럼 느껴졌다. 오랜만에 홀가분하게 책도 마음껏 읽고, 기타 연주 실력도 늘려 나갔다. 그러는 사이 12월 19일 제18대 대통령 선거가 치러져 51.5 퍼센트를 득표한 새누리당의 박근혜 후보가 48퍼센트를 득표한 민주통합당의 문재인 후보를 누르고 대통령으로 당선되었다. 곧바로 꾸려진 대통령직 인수위원회를 이끌어 갈 위원장에는 김용준 전 헌법재판소장이 임명되었다. 평생 법조인으로 살아온 분으로 제18대 대통령 선거 운동 기간 중 새누리당 중앙선거대책위원회 공동위원장을 맡으며 박근혜 대통령 당선인과 인연을 맺은 것으로 알려졌다. 세 살 때 소아마비를 앓았던 그분은 서울대 법대 3학년이던 1957년 고등고시 사법과에 최연소로 수석 합격한 이래 대한민국 첫 장애인 대법관, 첫 장애인 헌법재판소장을 지내며 국민들로부터 존경을 받던 인물이다. 내가 사법연수원에 다닐 때 서울지방법원 부장판사 겸 사법연수원 지도교수로 지도를 받으면서 나도 존경심을 가졌던 분이다. 박근혜 대통령 당선인은 그를 초대 국무총리로 지명했다. 국회 인사청문회 통과는 당연한 것으로 여겨졌다.

그런데 안타깝게도 국회 인사청문회를 앞두고 김용준 국무총리 후보자가 자진 사퇴하는 일이 발생하였다. 새 정부 출범을 얼마 남겨 놓지 않은 시점이라 다들 난감한 상황이었다.

날씨도 매섭고 정국도 어수선한 어느 날이었다. 사무실로 전화 한 통이 걸려 왔다.

"안녕하셨어요? 그동안 잘 지내셨나요? 지난번 공천 심사 때 정말 수고가 많으셨는데… 또 어려운 부탁 하나 드려야 할 것 같습니다. 국무총리직을 맡아 주시기 바랍니다."

"…새 정부 출범을 앞두고 정말 노고가 많으실 거라 생각합니다. 저로서야 어떻게든 도와드려야겠지만… 저는 국무총리라는 막중한 소임을 맡기에는 능력이 많이 부족한 사람입니다."

그때까지 나는 국무총리라는 자리와 역할에 대해 깊이 있게 생각해 본 적이 없었기에 자신이 없었다. 국무총리는 말 그대로 대통령을 보좌하고 내각을 통할해 국민 전체를 위해 불철주야 일해야 하는 중차대한 자리이기에 부담감이 크게 다가왔다.

완곡한 고사에도 불구하고 대통령 당선인의 거듭된 요청에 계속 사양만 하는 것은 또 다른 자만이라는 생각에 고개를 숙이지 않을 수 없었다.

5.
인생은 결국 봉사하다 떠나는 것이다

"하나님, 저는 한없이 부족한 사람입니다. 제 능력으로는 도저히 감당할 수 없는 자리입니다. 하나님께서 저를 국무총리로 세워 주신 것으로 믿습니다. 저에게 지혜와 능력과 담대함과 건강을 주셔서 대통령을 보필해 새 정부가 나라를 반석 위에 올려놓을 수 있도록 돕고, 국민들을 위해 최선을 다해 헌신하고 봉사할 수 있게끔 이끌어 주십시오. 하나님의 인도하심을 믿습니다."

나는 꿈에도 생각해 본 적이 없는 대한민국 국무총리라는 직책을 맡으면서 그렇게 기도했다. 그때의 기도는 총리직을 수행하는 동안 계속 이어졌고, 기도의 응답으로 2년 동안 감기 한 번 걸린 적 없이 성실히 직무를 수행할 수 있었다고 생각한다. 2월 20일부터 사흘 동안 국회에서 국무총리 후보자에 대한 인사청문회가 실시되었다. 까마득하게 잊고 있던 예전 일들이 들춰지고, 나도 알지 못하는 출처 불명의 의혹들을 제기하기도 했지만 이 또한 내가 마땅히 치러야 할 통과의례라고 생각했다. 2월 25일 국회의사당 앞에서 대한민국 제18대 대통령 취임식이 치러졌다. 마침내 박근혜 정부가 출범한 것이다.

"…저는 오늘 대한민국의 제18대 대통령에 취임하면서 희망의 새 시대를 열겠다는 각오로 이 자리에 섰습니다. … 저는 대한민국의 대통령으로서 국민 여러분의 뜻에 부응하여 경제 부흥과 국민 행복, 문화 융성을 이뤄 낼 것입니다. …어려운 시절 우리는 콩 한쪽도 나눠 먹고 살았습니다. 우리 조상은 늦가을에 감을 따면서 까치밥으로 몇 개의 감을 남겨 두는 배려의 마음을 가지고 살았습니다. 계와 품앗이라는 공동과 공유의 삶을 살아온 민족입니다. 그 정신을 다시 한 번 되살려서 책임과 배려가 넘치는 사회를 만들어 간다면, 우리 모두가 꿈꾸는 국민 행복의 새 시대를 반드시 만들 수 있습니다."

대통령 취임사에는 내가 국무총리로서 명심해야 할 국정 운영의 철학과 방향이 제시되어 있었다. 다음 날인 2월 26일 국회에서는 청문회를 거친 총리 중 가장 높은 72.4퍼센트의 찬성으로 국무총리 임명동의안이 통과되었다. 나는 곧바로 청와대로 들어가 박근혜 대통령으로부터 임명장을 받았다. 대통령에게서 지명을 받고, 국회를 통해 국민들의 동의를 얻은 이상 오직 국민들만 바라보고 주어진 직분에 충실하리라 다짐했다. 오후에는 정부 서울청사에서 국무총리 취임식이 진행되었다.

"…새 정부 첫 내각의 역할은 대통령의 국정철학이 하루빨리 뿌리내리게 하고 주요 국정목표들을 정책화해서 실행에 옮기는 일입니다. 이에 따라 저는 무엇보다도 먼저 우리나라가 '창의와 활력이 넘치는 사회'가 되도록 하겠습니다. 둘째, 공급자 중심으로 이뤄져 온 고용과 복지 서비스를 수요자 중심의 맞춤형으로 전환하여 정책의 성과와 국민 만족도를 높이는 데 심혈을 기울이겠습니다. 셋째, 학생들이 자기에게 맞는 '꿈과 끼'를 키울 수 있는 교육이 이루어지도록 하겠습니다. 넷째, 우리 사회가 '안전한 공동체', '통합의 공동체'가 될 수 있도록 신명을 다하겠습니다. 저는 제게 주어진 이러한 소명들을 완수하기 위해, 무엇보다도 부처의 자율은 존중하되 부처이기주의나 칸막이 행정은 방치하지 않고 적극적으로 조정해 나갈 것입니다. 공개적이고 투명한 행정으로 '깨끗한 행정' 풍토를 조성하여 국민들로부터 신뢰받는 정부가 되도록 하는 데도 제가 할 수 있는 역할을 다하겠습니다. 겸허하고 낮은 자세로 국민들께 다가가서 열심히 듣고 소통하는 '국민 곁의 총리'

5.
인생은 결국 봉사하다 떠나는 것이다

가 되겠습니다."

제42대 국무총리로서 수행한 첫 공식 업무는 국립서울현충원을 찾아 순국선열들께 참배한 일이었다. 막중한 소임을 맡은 뒤 방문한 국립서울현충원은 여느 때의 그곳이 아니었다. 발걸음을 내딛을 때마다 무거운 책임감이 느껴졌다. 겨울 하늘에 봄기운이 드리워 있었다.

'하나님, 부족한 제게 지혜와 능력을 더하셔서 맡겨진 소명을 잘 감당하게 해주십시오.'

인사청문회 때도 그랬지만 취임 후에도 기자들은 틈만 나면 정치적 질문들을 쏟아 냈다.

"헌법상 보장된 책임총리 역할을 다 수행하실 겁니까?"

"국무위원 임명제청권과 해임건의권을 적극적으로 행사하실 예정이십니까?"

나는 기자들에게 이렇게 대답했다.

"책임총리는 헌법상 용어가 아니라 국민의 바람을 표현한 정치적 용어입니다. 저는 헌법상 주어진 국무총리의 권한과 책임을 다할 것입니다."

언론에서는 내가 행정부 2인자로서 책임총리 역할을 할 것인가 아니면 의전총리나 대독총리에 머물 것인가를 두고 연일 추측성 기사를 내보내고 있었다. 헌법 제86조 2항 "국무총리는 대통령을 보좌하며, 행정에 관하여 대통령의 명을 받아 행정각부를 통할한다"고 되어 있는 부분과 제87조 1항 "국무위원은 국무총리의 제청으로 대통령이 임명한다"고 되어 있는 부분, 그리고 제87조 3항 "국무총리는 국무위원의 해임을 대통령에게 건의할 수 있다"고 되어 있는 부분을 거론한 것이다. 그러나 법학을 전공한 나로서는 이런 이야기들이 헌법의 정신과는 다르게 국민적 바람을 표현한 것이라 생각했다. 대한민국은 강력한 대통령 중심제 국가다. 헌법은 이를 분명히 명시해 놓고 있다. 나는 대통령이 국가원수로서 해야 할 일들이 너무 많아 국토 곳곳과 국민 개개인에 일일이 손길이 미치지 못하기 때문에 그런 곳을 찾아가 대통령 대신 손길을 내밀고 국민들의 마음을 어루만지며 가감되지 않은 국민들의 목소리를 듣고 이를 대통령에게 직언하여 국정이 원활하게 수행되도록 하는 것이 바로 국무총리가 해야 할 일이라고 판단했다. 대통령이 한 집안의 아버지로서 가정을 대표해 굵직굵직한 대소사들을 처리하는 역할이라면 국무총리는 어머니로서 조용히 집안일을 챙기며 식구들을 건사하는 역할이라고 할 수 있었다. 무엇보다 나는 우리 사회를 좀더 깨끗하고 따뜻한 사회로 만들면서 사회 갈등을 해소하는 일에 앞장서는 정중동의 총리가 되고 싶었다.

이후 나는 직무를 수행하면서 강력한 대통령 중심제 국가에서 내각을 통할하는 국무총리의 바람직한 기능과 역할은 과연 어떤 것일까를 깊이 생각해 보게 되었다. 현행 헌법 하에서는 국무총리가 대통령과 권한을 나눠서 행사한다는 것은 불가능한 일이다. 헌법이 국무총리에게 부여한 권한은 국무위원 임명제청권과 해임건의권, 그리고 내각을 통할하는 권한이 전부다. 헌법상 국무총리에게는 그 밖의 어떠한 권한이나 책임도 부여되어 있지 않다. 거의 모든 권한과 책임은 대통령 한 사람에게 집중되어 있다. 물론 대통령이 국무총리에게 실질적으로 권한을 이양하면 정치적 의미의 책임총리가 구현될 수도 있으나 누가 대통령이 되든지 간에 그럴 리도, 그럴 수도 없는 것이 정치공학적인 현

5.
인생은 결국 봉사하다 떠나는 것이다

실이다. 대통령에게 막강한 권한이 주어져 있으면서 책임 또한 무한대로 져야만 하는 현재의 헌법은 사회 변화에 맞게 권한과 책임의 분산을 갈망하는 많은 국민의 바람을 고려할 때 수정되어야 할 때가 되었다. 마침 분권형 헌법으로의 개정에 대한 국민적 합의도 어느 정도 형성되었다고 보이는 만큼 총리가 실질적 역할을 수행할 수 있게 함으로써 권력 집중의 폐해를 방지할 수 있는 미래지향적인 헌법을 만들었으면 하는 바람이다.

반구대 암각화와
밀양 송전탑에 얽힌 갈등

상대방 입장에 서서 양보하고 타협하면 풀지 못할 일이 없다

　　반구대 암각화 보존 문제가 시급한 과제로 떠올랐다. 울산광역시 울주군 언양읍 대곡리에 위치한 반구대 암각화는 대곡천변의 깎아지른 절벽 가운데 비교적 면이 고른 지점에 그려진 선사시대의 그림을 가리킨다. 1970년 동국대학교 불적조사단이 불교 유적의 조사를 위해 이 지역을 답사하는 과정에서 발견되었다. 가로 약 8미터, 세로 약 2미터 크기의 병풍 같은 바위 면에 고래, 개, 늑대, 호랑이, 사슴, 멧돼지, 곰, 토끼, 여우, 거북이, 물고기, 사람 등의 모습이 그려져 있고, 고래잡이하는 광경, 물고기를 잡는 장면, 사냥하는 풍경 등이 사실적으로 상세히 표현되어 있다. 암각화에 등장하는 동물이 주로 사냥의 대상이 되는 동물이고, 그중에는 교미하는 동물과 새끼를 가진 동물도 있는 것으로 보아 당시 사람들이 동물들의 번식이 왕성해져 사냥감이 많아

5.
인생은 결국 봉사하다 떠나는 것이다

지기를 바라는 마음을 담아 조각한 그림임을 알 수 있다.

암각화의 내용은 크게 동물상, 인물상, 도구 및 내용을 알 수 없는 것으로 나뉘며, 형상의 수는 모두 296점 가량으로 조사되었다. 그림이 그려진 시기는 학자에 따라 신석기시대부터 만들기 시작했다는 설과 청동기시대의 작품이라는 설 등이 있다. 표현 양식과 내용 등으로 보아 같은 시기에 만들어진 것이 아니라 오랜 기간 동안 이곳에서 신앙행위가 이루어지면서 그림이 추가된 것으로 추정하고 있다. 주변의 수려한 경치와 더불어 세계적으로도 흔치 않은 암각화의 가치를 인정해 1995년 6월 23일 국보 제285호로 지정되었다. 이때부터 반구대 암각화 보존 문제와 울산 시민들의 식수원 확보 문제가 첨예하게 대립을 거듭해 왔다.

문제의 발단은 반구대 암각화가 발견되기 전인 1965년 암각화 하류에 사연댐이 건설되면서부터다. 울산의 젖줄인 태화강 상류의 물을 식수원으로 확보하기 위해 댐이 만들어지자 반구대 암각화는 1년 중 절반 이상이 수면 아래에 잠기고, 나머지 기간만 외부에 노출되는 상태가 이어진 것이다. 반구대 암각화가 물에 잠기지 않으려면 해발 52미터 이하로 수위가 조절되어야 하지만 사연댐은 만수위가 해발 60미터에 달하기 때문이었다. 2005년 암각화 상류에 대곡댐이 준공되면서 물에 잠기는 기간이 줄어들기는 했지만 여름철 집중호우가 발생하면 몇 개월씩 침수되기 일쑤였다. 반복적인 침수와 노출로 인해 훼손이 가속화되면서 문화재청과 환경단체들이 반구대 암각화 보존을 위해 정부의 대응을 촉구하고 나선 것이다.

울산시의 주장은 생태제방을 건설하자는 것이었다. 가뜩이나 식수가 부족한 상황에서 깨끗한 상수원인 대곡천의 물을 포기할 수 없다는 이유에서였다. 암각화 전방 80미터 지점에 길이 440미터, 높이 15미터, 너비 6미터의 둑을 쌓아 대곡천의 물이 암각화 앞으로 지나가지 못하도록 물길을 돌리고, 제방 근처에 암각화 관람을 위한 교량을 설치한다는 계획이다. 반면 문화재청에서는 생태제방을 쌓으면 반구대 주변의 빼어난 경관이 훼손되어 유네스코 세계유산 등재가 사실상 불가능해진다면서 사연댐에 수문을 설치해 수위를 해발 52미터 이하로 낮춰 반구대 암각화가 물에 잠기는 것을 막은 다음 부족한 식수원은 주변 지역에서 끌어와 해결해야 한다고 주장해 왔다. 양측의 주장은 한 치의 양보도 없이 평행선을 달렸고 오랜 기간 동안 해결책을 찾지 못한 채 지내 왔다.

나는 직접 현장을 방문해 내 눈으로 확인을 해보았다. 양쪽 주장에 다 타당성도 있고, 문제점도 있었다. 어느 한쪽의 손을 일방적으로 들어 줄 수 없는 문제였다.

"반구대 암각화가 물에 잠겨 훼손되는 일이 없도록 하면서도 울산 시민들의 소중한 식수원이 부족하지 않도록 만전을 기하는 적절한 방법이 무엇일지 함께 연구해 보도록 합시다."

울산시와 문화재청의 의견을 토대로 국무조정실 등 관계자들이 논의를 거듭한 결과 제3의 방안이 도출되었다. 그것은 반구대 암각화 앞에 가변형 임시 물막이, 즉 카이네틱 댐을 설치하는 것이었다. 투명 유리 막으로 반구대 암각화를 둘러치면 물이 바위로 접근할 수 없고, 밖에서도 반구대 암각화를 볼 수 있으며, 울산시의 식수원 문제 또한 아무런 영향을 받지 않는 방안이었다. 그런 후 전국의 수리종합계획이 수

5.
인생은 결국 봉사하다 떠나는 것이다

립되어 울산시의 식수 문제가 완전히 해결되었을 때 이를 철거하면 된다는 안이었다. 다만 이 공법으로 반구대 암각화로 유입되는 물을 완벽하게 차단해야만 했다.

가변형 물막이는 한 건축 전문가가 제안한 방안으로, 암각화에서 16~20미터쯤 떨어진 지점에 반원형으로 세우는 길이 55미터, 너비 16~18미터, 높이 16미터의 임시제방이었다. 울산광역시장과 해당 지역 국회의원, 그리고 문화재청과 환경단체들에게 공법을 자세히 설명하고 이해를 구한 뒤 합의문을 만들어 서명하기에 이르렀다. 완벽한 방안은 아니었지만 언제까지 대립하며 시간을 흘려보낼 수 없었기에 제3의 방안으로 결론을 내도록 설득한 것이다.

2013년 6월 국무조정실, 문화체육관광부, 문화재청, 울산광역시는 업무협약을 맺고 국보 제285호 울산 반구대 암각화의 보존을 위해 가변형 임시 물막이를 설치하기로 결정했다.

"이 협약은 문화재청과 울산시가 대의에 입각한 이해와 충정으로 합의한 데 따른 결과입니다. 합의가 충실히 이행돼 반구대 암각화가 세계적인 문화재로 남게 되기를 기대합니다."

이로써 오랜 시간에 걸쳐 상반된 주장으로 대립해 온 울산시와 문화재청이 한 걸음씩 물러서며 타협이 이루어졌고, 이후 여러 차례에 걸친 실험과 공사 계획이 꾸준히 진행되었다.

하지만 내가 퇴임한 뒤 카이네틱 댐 사업은 몇 차례의 실험 결과 이음매 부분에 누수가 발생하여 반구대 암각화로 유입되는 물을 완전하게 막아 낼 수 없다는 결론에 이르렀다는 이유로 2016년 7월 21일 문화재청에 의해 사업 중단이 발표되었다. 울산시가 주장하는 생태제방안과 문화재청이 제기한 사연댐 수위조절안이 원점에서 재검토되게 된 것이다. 처음 검토 단계에서는 아무 문제가 없다고 하던 카이네틱 댐이 정말 우리 기술로 달성할 수 없다는 것인지, 의지가 부족한 것은 아닌지 의문을 느끼면서 어렵사리 이루었던 타협과 화합의 산물이 결국 원점으로 돌아간 데 대해 진한 아쉬움이 남는다.

밀양 송전탑 건설 문제도 큰 사회적 갈등을 일으키고 있었다. 정부에서는 경남 지역의 부족한 전력난을 해소하기 위해 2001년 울산 신고리원자력발전소 3호기에서 생산된 전력을 경남 창녕군 북경남변전소까지 보내기 위해 총 90.5킬로미터에 이르는 구간에 송전탑 161기를 세우는 '신고리~북경남 송전선로 건설사업'을 시작하였다. 사업 주체인 한국전력공사에서는 밀양시를 관통하는 송전선로 건설계획을 세우고 2005년 밀양시에서 주민설명회를 열었지만 송전탑 건설을 반대하는 주민들의 반발에 부딪쳤다. 2008년 8월 공사가 시작되면서 주민들의 반발은 더욱 거세졌다. 정부와 정치권은 뒤늦게 갈등조정위원회를 구성해 주민들을 설득했으나 합의에 실패하고 말았다. 이에 따라 765킬로볼트의 고압 송전선이 지나갈 제2구간 공사를 놓고 밀양 시민들과 한국전력공사 사이에 기나긴 분쟁이 이어지고 있었다.

양측의 팽팽한 대립 속에 해결의 실마리가 보이지 않는 가운데 주민 두 명이 자살하는 사건이 발생하는 등 주민들의 극한투쟁과 이를 막기 위한 경찰의 강경진압이 인명 피해까지 일으키며 극심한 갈등을 불러오고 있었다.

나는 이런 비극적 사태가 더 이상 지속되어서는 안 된다는 생각에

5.
인생은 결국 봉사하다 떠나는 것이다

먼저 윤상직 산업통상자원부 장관과 조환익 한전 사장 등과 대책 협의를 했다. 그에 따라 먼저 조환익 한전 사장이 현장에 내려가 주민들과 흉금을 터놓고 대화를 나누면서 주민들의 불만과 요구 사항을 진지하게 경청하고 이어서 윤상직 산업통상자원부 장관이 여름휴가를 그곳에서 보내면서 주민들에게 송전탑의 무해 이유와 주민들 요구 중 수용할 부분을 설명하면서 설득하는 절차를 거친 뒤, 2013년 9월 11일 내가 직접 밀양으로 내려갔다. 단장면사무소에서 송전탑 반대 대책위원회 등과 면담을 가진 후 밀양시청 소회의실에서 지역 사회단체 등 20여 명과 간담회를 가졌다. 나는 주민들에게 과학적으로 송전탑에서 발생하는 전자파는 인체에 아무런 해가 되지 않는다는 점을 거듭 설명하며 이해를 구했다. 그런 일련의 노력으로 주민들에 대한 보상안이 적절한 수준에서 합의에 이르게 되었다.

나는 경찰청장에게도 불상사가 생기지 않도록 적절한 현장 대처 방안을 마련하도록 했다. 이후 경찰의 치밀한 현장 대책으로 별다른 불상사 없이 공사가 진행됨으로써 2014년 9월 23일 10년 동안의 갈등을 딛고 밀양 송전탑 건설 공사가 완료되었다. 경남 밀양시 단장면 사연리에 있는 '99번 철탑'이 건설되면서 밀양시 5개 지역에 송전탑 69기를 건설하는 공사가 모두 일단락된 것이다. 이로써 국책사업에 대한 정부의 미숙한 대처와 사회단체 등의 과도한 개입 속에 무려 열한 차례나 중단되는 등 심한 몸살을 앓았던 공사가 비로소 마무리될 수 있었다. 이 일은 정부의 주도적인 주민 설득 노력과 주민들이 조금씩 양보하며 대화를 이어 간 결과 해결점을 찾게 된 사례라 할 수 있다.

나는 총리로 재임하면서 우리 사회 곳곳에 수많은 갈등과 대립 요인들이 있다는 사실을 생생하게 체험하였다. 2년 동안 40여 건의 분쟁사건에 대하여 정부 관계 기관이 양측의 주장을 경청하고 설득하며 조정하는 노력 끝에 갈등을 봉합하고 대립을 매듭짓는 사례들을 많이 남겼다. 그 이후 나는 국가정책조정회의를 주재하면서 각 부처가 계획하는 국가 정책 사업을 추진할 때는 예상되는 갈등과 그 해결책을 제시하여 논의를 거쳐 시행토록 지시하였다. 어느 사회나 갈등과 대립이 없을 수는 없다. 같은 상황도 보기에 따라 전혀 다르게 해석될 수 있고, 아무리 좋아 보이는 일도 그로 인해 불이익을 보게 될 사람이 있을 수 있기 때문이다. 이럴 때 정부는 이를 잘 조정하고 설득해서 최대 다수의 최대 행복을 이끌어 내는 능력과 지혜를 발휘해야 한다. 그런 정부가 좋은 정부일 것이다. 하지만 역설적이게도 그런 좋은 정부를 만들기 위해서는 모든 공직자들이 욕을 먹고 돌을 맞을 각오로 갈등과 대립의 현장 속에 자신을 던져야만 한다.

소치 올림픽 폐막식 무렵
호텔에서 울려 퍼진 피아노 선율

예술적 감성과 인문적 교양이야말로 인생 최고의 자산이다

나의 살던 고향은 꽃피는 산골
복숭아꽃 살구꽃 아기진달래
울긋불긋 꽃 대궐 차린 동네
그 속에서 놀던 때가 그립습니다.

동계 올림픽 폐막식에 참석하기 위해 소치에 머무는 동안 내가 묵었던 호텔 거실 한쪽에는 커다란 탁자와 의자가 놓여 있었다. 나는 그곳에서 수행원들로부터 보고도 받고 관계되는 사람들과 그때그때 회의도 하곤 했다. 하루는 예정된 회의 시간보다 조금 일찍 거실로 나갔더니 탁자와 의자 옆쪽으로 피아노 한 대가 놓여 있는 게 보였다. 그동안은 분주히 일정을 소화하느라 피아노가 눈에 들어오지 않았던 것이다. 시계를 봤다. 회의가 시작되려면 10분 정도 여유가 있었다. 어느새 내 발걸음은 피아노를 향하고 있었다. 나는 피아노 앞에 앉아 건반 덮개를 들어올렸다. 조심스레 건반 위로 양손을 올린 나는 심호흡을 한 뒤 손가락에 힘을 주어 건반을 두드렸다.

〈고향의 봄〉이 호텔 방 안에 잔잔하게 울려 퍼졌다. 1926년 4월 잡지 〈어린이〉에 당선된 이원수 선생의 동요에 홍난파 선생이 곡을 붙인 노래로 한국인의 정서를 잘 반영하고 있어 전 국민적으로 애창되는 가곡이다. 나라를 빼앗긴 채 일제의 폭압 속에 식민지 백성으로 살아야 했던 시절, 잃어버린 고향으로 상징되는 옛 조선을 그리워하며 조국을 떠나 만주와 연해주 등지에서 독립운동을 하던 애국지사들의 심정을 잘 표현한 이 노래는 아름다우면서도 처연하고 애절한 느낌을 주는 곡이기도 하다. 정말 오랜만에 피아노 앞에 앉아 먼 옛날 진주사범학교를 다니던 시절 의무적으로 배웠던 풍금 실력을 발휘해 보았다. 초보적이고 유치한 수준이었다. 그럼에도 불구하고 러시아 소치에서 직접 연주하며 듣는 〈고향의 봄〉은 아주 각별한 느낌을 주었다.

"브라보! 아, 총리님 대단하십니다. 정말 듣기 좋습니다."

"총리님이 피아노를 치시다니… 놀랐습니다."

갑자기 박수 소리와 함께 쑥스러운 칭찬이 이어졌다. 뒤를 돌아보니 외교부 차관과 러시아인 호텔 사장이 서 있었다. 밖에서 피아노 소리를 듣고 들어와 감상하고 있었던 것이다.

"아이고, 아니에요. 그냥 좀 시간이 남기에 옛날 생각하면서 한번 쳐본 거예요."

나는 뭔가 잘못을 저지르다 들킨 것처럼 손사래를 치며 무안한 표

5.
인생은 결국 봉사하다 떠나는 것이다

정으로 얼른 회의 탁자에 자리를 잡았다. 그다음에는 폐막식을 마치고 귀국할 때까지 일정이 빡빡하게 짜여 있어 다시 피아노 앞에 앉을 시간이 없었다. 그런데도 내가 피아노를 잘 친다는 소문이 부풀려져 회자되었다. 분명 그날 내 〈고향의 봄〉 연주를 들었던 사람들이 다른 데 가서 이야기를 한 모양이었다. 굳이 공개적으로 부인하기도 쑥스러워 가만히 있었더니 나는 졸지에 피아노에 조예가 있는 국무총리가 되었다.

이런 엉뚱한 소문이 나게 된 것은 내가 진주사범학교를 다닐 때 전인교육을 받은 덕분이었다. 지금도 틈틈이 개인 사무실에서 기타를 치며 음악에 빠져드는 것도 이 무렵 학교에서 받은 교육으로 인해 내 안에 있는 예술적 감성이 발굴되었기 때문이다. 전인교육의 힘은 바로 이런 것이다. 두려움 없이 시작하고, 개발하고, 창조할 수 있는 능력은 어릴 때 전인교육을 통해 얼마든지 발굴될 수 있다.

소치는 러시아 크라스노다르 지방에 있는 유명한 휴양 도시다. 2014년 2월 7일부터 23일까지 이곳에서 제22회 동계 올림픽 경기대회가 개최되었다. 1980년 모스크바에서 하계 올림픽이 치러진 이래 러시아에서 첫 번째로 개최된 동계 올림픽이었다. 전 세계 88개국에서 총 2,873명의 선수들이 참가하여 뜨거운 각축을 벌인 결과 개최국인 러시아가 금메달 13개, 은메달 11개, 동메달 9개로 우승을 차지했고, 겨울 스포츠 강국인 노르웨이와 캐나다가 그 뒤를 이었다. 대한민국은 금메달 3개, 은메달 3개, 동메달 2개로 13위를 차지했다.

우리에게는 소치 올림픽의 성공과 실패를 모두 교훈 삼아 다가올 2018년 평창 올림픽을 대비해야 하는 막중한 과제가 주어져 있었다.

운명과 경주를 한
정홍원 스토리

나는 대한민국 국무총리로서 2월 21일부터 24일까지 3박 4일 일정으로 러시아 소치를 방문했다. 도착하자마자 올림픽 선수촌을 찾아가 선수단을 격려하고, 김연아 선수 등과 함께 식사를 하면서 애로사항을 듣고 성원한 다음 토머스 바흐 IOC 위원장을 만나 평창 올림픽에 대한 지속적인 관심과 지원을 당부했다. 김진선 평창동계올림픽조직위원장, 김정행 대한체육회장 등과 같이 아이스버그 스케이팅 팰리스를 찾아 쇼트트랙 여자 1,000미터 결승전 경기에 출전한 박승희 선수와 심석희 선수를 응원했으며, 대한체육회가 대회 기간 현지 호텔을 빌려 마련한 우리나라 체육 홍보 공간이자 선수들 휴식 공간인 코리아하우스에서 열린 '한국 선수단의 밤' 행사에도 참석해 투지를 불사른 선수들을 치하했다.

러시아와 대한민국 국민들로부터 초미의 관심을 모았던 건 쇼트트랙의 안현수 선수와 피겨 스케이팅의 김연아 선수였다. 2006년 토리노 올림픽에서 대한민국 대표로 금메달 3개, 동메달 1개를 획득했던 안현수 선수는 부상과 대표 팀 탈락 그리고 대한빙상경기연맹과의 불화 등이 겹치면서 2011년 러시아로 귀화하여 빅토르 안이라는 이름으로 출전해 8년 만에 또다시 금메달 3개, 동메달 1개를 획득하는 기염을 토했다. 나는 2010년 밴쿠버 올림픽에서 누구도 넘볼 수 없는 세계 신기록을 세우며 여자 싱글 부문 금메달 획득과 함께 피겨 여왕으로 등극한 김연아 선수의 은퇴를 앞둔 마지막 올림픽 무대의 경기를 현장에서 지켜보았다. 아무런 실수 없이 환상적인 연기를 펼쳐 금메달이 확실하다고 보았으나 쉽게 수긍이 안 되는 판정으로 소트니코바 선수에게 금메달을 내준 채 은메달에 머물러야 했다. 두 선수의 경기는 대한민국 국

5.
인생은 결국 봉사하다 떠나는 것이다

민들에게 많은 아쉬움을 남겨 주었다.

특히 김연아 선수의 판정에 대해서는 국민들의 여론이 몹시 좋지 않았다. 당장 IOC와 국제빙상연맹 측에 강력하게 항의해야 한다는 주장이 제기되었다. 나에게도 이런 동향들이 전달되었다. 당연하게 생각했던 금메달을 눈앞에서 도둑맞은 것 같은 심정은 나도 같았다. 하지만 그렇게 되면 속은 후련할지 몰라도 판정이 번복되어 은메달이 금메달로 바뀌지도 않으면서 러시아와 심각한 외교적 충돌이 벌어질 게 분명했다. 올림픽 경기대회에서 한 번 내려진 판정이 뒤집어져 메달 색깔이 바뀌는 일은 거의 없었기 때문이다. 국민들의 감정을 달래는 데는 유효할지 몰라도 아무런 실익이 없는 일이었다. 게다가 김연아 선수는 의연한 태도로 판정 결과를 그대로 받아들이겠다고 선언해 세계 각국의 언론들로부터 찬사를 받고 있는 상태였다. 나는 현지에서 관계자들의 이의 제기 주장에도 불구하고 IOC와 국제빙상연맹 측에 이의 제기를 하지 않기로 결정했다. 나 또한 누구 못지않게 서운한 마음이 있었지만 이의 제기가 받아들여질 가능성이 없으면서 올림픽 정신에 반한다는 비난만 초래할 가능성이 높은 점 등 국익을 위해 숙고 끝에 내린 결정이었다. 이로 인해 러시아와 잡음을 남기는 일은 생겨나지 않았다.

폐막식은 2월 23일 20시 14분에 개막식과 마찬가지로 피시트 올림픽 스타디움에서 열렸다. 다음 대회 개최국의 총리로서 나는 폐막식에 참석해 푸틴 대통령을 만나 평창 올림픽의 성공적 개최를 위해 러시아의 경험을 공유할 수 있도록 지원을 요청했다. 푸틴 대통령은 예상대로 호탕하고 자신감 넘치는 모습이었다.

"소치 올림픽이 성공적으로 마무리된 것을 축하합니다. 러시아가 이번에 대단한 성과를 거두었습니다. 매우 인상적이었습니다."

내가 칭찬을 하자 푸틴 대통령도 재치 있게 덕담을 건넸다.

"대한민국도 다음 올림픽 개최국이니까 분명히 1등 성적을 낼 겁니다."

폐회식에서 아나톨리 파호모프 소치 시장으로부터 대회기를 인수받은 토머스 바흐 IOC 위원장은 이석래 평창 군수에게 다시 대회기를 전달했다. 이어진 8분짜리 문화 예술 공연에서는 성악가 조수미, 재즈 가수 나윤선, 가수 이승철, 가야금 연주자 이종길 등 한국을 대표하는 문화 예술인들이 무대에 올라 우리나라의 문화적 우수성을 전 세계에 알리며 다음 올림픽 개최지가 대한민국 평창임을 확실하게 각인시켰다. 평창과 강릉에서 온 어린이들이 애국가를 제창할 때는 선수단은 물론 그들의 노고에 아낌없는 박수를 보내던 나도 순간 눈시울이 붉어졌다.

소치에서의 일정을 모두 마치고 돌아오는 비행기 안에서 나는 좌석에 파묻힌 채 지그시 눈을 감았다. 이제 올림픽은 단순한 스포츠 경기 대회가 아니다. 전 세계 나라들이 한데 모여 국력을 과시하는 각축장이자 무기 없는 외교의 전쟁터이며 문화와 예술의 다채로운 전시장이다. 2018년 2월 9일부터 25일까지 강원도 평창 일대에서 펼쳐질 동계 올림픽이 눈부시게 발전한 대한민국의 국력과 체력은 물론 풍부한 예술적 감성과 깊이 있는 인문적 교양까지 오롯이 드러냄으로써 한국인의 우수성을 널리 과시하며 그 어느 올림픽보다 수준 높은 문화 올림픽으로 기록될 수 있기를 간절히 기도했다.

해외에 나갈 때마다
들을 수 있었던 말

황무지를 옥토로 바꾼 것은 자긍심과 자신감이었다

　　국내에 있을 때는 잘 느끼지 못하지만 외국에 나가 보면 우리나라가 얼마나 대단한 나라인지를 새삼 깨닫게 된다. 2013년 여름 스리랑카를 방문했을 때의 일이다. 현지인 20여 명과 다과를 함께하게 되었다. 모두 우리나라 사람 못지않게 대한민국에 대해 잘 알고 있다는 사람들이었다. 나는 스리랑카 사람들이 우리나라에 대해 알고 있어 봐야 얼마나 알겠는가 싶어 쉬운 말로 인사말을 했다. 그마저도 알아들을 수 있을지가 미지수였다.
　　그런데 내 인사말이 끝난 다음 그들 중 한 명이 답사를 하는데, 나는 깜짝 놀라고 말았다. 고급스러운 한국어 표현을 사용하며 너무도 세련되게 답사를 했기 때문이다. 그저 대한민국의 경제력과 문화에 대해 남들보다 관심이 많고, 좀더 알고 있는 정도겠지 생각했던 게 오산이었다. 어떻게 저런 말까지 배웠을까 의아스러울 정도였다.

"혹시 한국에 가서 살다 오셨습니까?"

"아닙니다. 한국에는 가고 싶지만 가본 적은 없습니다."

"그런데도 어떻게 한국어를 그토록 잘하십니까? 참 대단하시네요."

"저희는 한국으로 유학을 가거나 취업을 하고 싶고, 또 한국의 영화나 텔레비전 연속극을 보고 싶어서 한국어를 열심히 공부했습니다. 그러나 한국으로 갈 수 있는 기회가 적어 가고 싶어도 갈 수가 없습니다. 총리님께서 한국으로 갈 수 있는 쿼터를 좀 늘려 주십시오."

나는 관계 부처에 스리랑카 젊은이들이 대한민국에 와서 공부를 하거나 취업을 할 수 있는 기회를 좀더 많이 가질 수 있게 하는 방안이 없겠는지를 검토해 보도록 당부했다.

같은 기간 바레인도 방문한 적이 있다. 1976년 대한민국과 정식 외교 관계를 수립한 이래 대한민국 국무총리가 바레인을 방문한 건 그때가 처음이었다. 바레인에 머무는 동안 장관 한 명이 나를 수행해 차를 같이 타고 다녔다. 그는 차 안에서 내게 많은 질문을 했다.

"한국의 새마을운동이 어떻게 해서 성공하게 되었는지 알고 싶습니다."

"새마을운동이 성공한 데는 많은 요인들이 있지만 저는 두 가지만 말씀드리고 싶습니다. 첫째는 미래를 내다보는 지도자의 혜안입니다. 예를 들면 당시 우리나라 박정희 대통령은 자력으로는 불가능하다고 여겨졌던 고속도로 건설을 추진해 산업의 동력을 만들어 냈습니다. 모두가 안 된다고 할 때 미래를 내다보고 된다고 외친 지도자가 있었기에 새마을운동이 성공할 수 있었던 것이지요. 둘째는 지도자의 청렴성입

5.
인생은 결국 봉사하다 떠나는 것이다

니다. 사심 없이 오직 국가와 국민을 위해서만 일하겠다는 굳은 의지와 깨끗한 삶의 태도로부터 리더십이 나오고, 그래야만 국민들이 믿고 따라가는 겁니다. 대한민국의 새마을운동이 성공할 수 있었던 것은 이와 같은 이유 때문입니다."

"아, 그렇군요. 좋은 말씀입니다."

동남아시아와 중동 등에서는 우리나라의 새마을운동에 대해 관심이 지대하다. 일제강점기에 그토록 지독하게 수탈을 당하고, 해방된 지 얼마 되지 않아 발발한 6·25전쟁으로 인해 그나마 남아 있던 삶의 터전들이 쑥대밭이 되어 버린 상황 속에서 불과 60여 년 만에 세계 경제를 견인하는 선진국 대열에 들어서게 되었으니 그들로서는 대한민국이 도무지 믿기지 않는 기적의 나라로 보일 수밖에 없는 것이다.

중봉에서는 우리나라의 건실입게에 대해 존경에 기꺼운 미음을 드러냈다. 특히 이라크 사태가 났을 때 다른 나라들은 위험하다며 다들 본국으로 귀환을 했는데, 한국의 건설회사만은 위험을 무릅쓰고 끝까지 남아 현장을 지켰다며 굉장한 신뢰를 보이기도 했다. 대한민국 기업들은 책임감이 강하고 의리를 지킬 줄 아는 기업이라는 칭찬이 이어졌다.

2014년 여름 태국을 방문했을 때의 기억도 잊히질 않는다. 6·25 전쟁에 참전했던 용사들을 초청해 다과를 베풀었다. 80대에서 90대에 이르는 노인들 10여 명이 참석을 했다. 나는 그들을 거수경례로 맞으며 한 사람씩 붙들고 감사의 마음을 표현했다.

"참전 용사 여러분을 뵙게 되어 너무 기쁘고 감격스럽습니다. 여러

분들이 피 흘려 싸워 주신 덕분에 오늘날 대한민국이 있게 되었습니다. 그 고마운 마음을 어떻게 다 표현해야 할지 모르겠습니다. 정말 감사합니다. 대한민국은 여러분의 은혜를 결코 잊지 않겠습니다. 부디 건강하게 오래오래 사시면서 대한민국이 어떻게 발전해 가는지 지켜봐 주시기 바랍니다."

참전용사 한 분이 눈물을 흘리면서 답사를 했다.

"우리는 두 가지 면에서 자랑스럽습니다. 우리가 도와준 대한민국이 오늘날 이렇게 잘사는 경제대국이 되었다는 게 너무 자랑스럽고, 많은 세월이 흘렀음에도 불구하고 우리를 잊지 않고 이렇게 기억해 주고, 찾아 주고, 감사를 표해 주니 그게 너무 자랑스럽습니다. 그때 우리가 대한민국을 돕기 위해 참전하길 참 잘했다는 생각이 듭니다. 고맙습니다."

터키를 갔을 때도 이스탄불에서 가장 먼저 만난 사람들이 6·25전쟁 참전용사들이었다. 당시는 무려 100여 명에 달하는 참전용사들을 만나 서로 뜨겁게 포옹하며 형제국의 우애를 나누었다.

"이번 방문을 준비하면서 가장 뵙고 싶었던 분들이 바로 참전용사 여러분입니다. 대한민국 정부와 국민을 대신해서 여러분의 헌신에 경의를 표합니다. 진심으로 감사합니다."

2013년 가을 대한민국 국무총리로서는 32년 만에 핀란드를 방문해 까따니엔 총리와 회담을 갖고, 원자력협력협정에 서명했을 때도 핀란드 현지의 분위기는 대한민국을 대단한 나라로 여기며 각별히 신경 써서 깍듯하게 예우하는 걸 볼 수 있었다.

아제르바이잔의 대통령은 대한민국이 자기 나라의 미래 롤모델이

5.
인생은 결국 봉사하다 떠나는 것이다

라고까지 했다. 세계 어디를 가나 대한민국은 이제 강한 나라, 잘사는 나라, 존경받는 나라로 대접을 받게 되었다. 이는 과장된 것도 아니며 거저 주어진 것도 아니다. 대한민국 국민 한 사람 한 사람이 황무지를 옥토로 개간하는 데 피와 땀을 한데 모았기 때문이다. 지도자와 국민들이 혼연일체가 되어 "할 수 있다"는 자신감과 "우리는 위대한 민족이다"라는 자긍심을 가졌을 때 이와 같은 기적은 일어날 수 있었다. "우리는 아무것도 할 수 없어", "우리는 정말 형편없는 나라야", "우리는 태생적으로 세계사의 주역이 될 수 없는 민족이야" 이런 자괴감과 자기비하로는 결단코 황무지를 옥토로 개간해 낼 수가 없다. 대한민국은 절대 '헬 조선'이 아니다. 살기 좋은 나라, 살 만한 세상을 만드는 건 그 누구의 몫도 아니다. 바로 내 몫이다. 이 땅의 건강한 지도자들과 국민 모두가 다시 한 번 힘을 모아 이런 생각으로 똘똘 뭉쳐 전진한다면 대한민국의 기적은 중단 없이 계속될 것이다. 해외 각국을 둘러보며 내가 확신을 갖게 된 것은 바로 이것이었다.

국무총리 2년 동안
가장 고통스럽고 안타까웠던 순간들

책임져야 할 때 책임지는 것이 공직자의 자세다

나는 2014년 4월 10일부터 열린 보아오포럼에 참석했다. 보아오포럼은 아시아 국가들의 협력과 교류를 통한 경제 발전을 목적으로 창설된 비영리 민간 기구다. 1998년 라모스 전 필리핀 대통령, 호크 전 오스트레일리아 총리, 호소카와 전 일본 총리 등이 제안하고, 이듬해 중국이 적극적 후원 의사를 밝혀 추진되었으며, 2001년 2월 대한민국을 포함한 아시아 26개국 지도자들이 모여 중국 하이난성 충하이시에 있는 보아오에서 출범식을 열었다. 이후 매년 4월 보아오에서는 아시아 각국 지도자들과 경제계 인사들이 모여 총회를 개최한다.

개막식에서 나는 '아시아의 미래와 창조경제'라는 주제로 기조연설을 했다. 새로운 아시아를 만들기 위해서는 각국의 긴밀한 협력이 필요함을 강조하면서 남북한의 평화통일에 대한 국제사회의 적극적인 지지

5.
인생은 결국 봉사하다 떠나는 것이다

를 당부했다. 이어 중국의 리커창 총리가 주최한 오찬에 참석했다. 각국 정상급 인사들과 관계 증진을 논의하고, 아시아 경제 현안과 한국의 경제혁신 3개년 계획, 한반도 평화통일구상 등에 대한 의견을 나누는 자리였다. 각국 귀빈들이 모두 초대된 자리였음에도 불구하고 리커창 총리는 옆에 앉은 나와 주로 이야기를 나누었다. 1시간 30분에 걸친 오찬 시간 동안 나는 리커창 총리와 깊은 대화를 나누었고, 양국 사이의 주요 현안들에 대해 이해를 같이할 수 있었다. 계속된 공식 한·중 총리 회담에서도 좋은 분위기는 그대로 이어져 모든 영역에서 한·중의 전략적 협력동반자 관계를 발전시키기로 합의하였다.

11일부터 13일까지는 중국 내륙에 위치한 충칭시를 방문했다. 도착하자마자 광복군 총사령부 건물이 있는 현장을 둘러봤는데, 서울의 청계천 개빌 당시 모습과 유사했다. 지난 1942년 10월 중국 시안에서 충칭시로 옮겨 온 광복군 총사령부 건물은 충칭시의 재개발 정책에 따라 철거될 위기에 놓여 있었다. 충칭시를 이끌어 가고 있는 쑨정차이 당서기는 당시로는 시진핑 주석, 리커창 총리의 제5세대 지도부 뒤를 잇는 제6세대 지도부 대표주자로 꼽히는 인물이었다. 나는 쑨정차이 당서기와의 면담과 그가 베푼 만찬 자리에서 광복군 총사령부 건물의 원형을 복원해 줄 것을 제안했다.

"그동안 충칭시에 있는 대한민국 임시정부 청사 등 독립운동 사적지에 대해 쑨정차이 당서기께서 관심을 갖고 관리에 만전을 기해 주신 점 매우 감사하게 생각하고 있습니다. 그런데 최근 광복군 총사령부 건물이 철거될 것이라는 소식을 들었습니다. 그 건물은 대한민국 역사에 있어 너무도 중요한 사적입니다. 부디 양국 관계 발전과 우호 증진을 위해 광복군 총사령부 건물을 원형 그대로 복원해 주시기를 바랍니다. 이 일대를 한국과 중국의 역사와 문화가 교류하는 가교로 만들면 양국 관계가 더욱 의미 있게 전진하리라 믿습니다."

"네, 총리님 말씀이 맞습니다. 역사는 결코 단절되어서도 잊혀서도 안 됩니다. 그리고 문화는 있던 자리에 원형 그대로 보존하는 것이 옳습니다."

쑨정차이 당서기는 즉석에서 실무진에게 구체적인 방안을 검토할 것을 지시했다.

"광복군 총사령부 건물이 원형대로 보존될 수 있는 방법을 강구해 보세요."

만찬은 화기애애한 분위기 속에서 끝났다. 이어 12일에는 충칭시 래디슨 블루 플라자 호텔에서 열린 '대한민국 임시정부 수립 제95주년 기념식'에 참석하였다. 내가 다녀온 뒤 충칭시에서는 광복군 총사령부 건물을 원형대로 복원하기로 결정하고, 중앙 정부의 승인을 얻어 이를 발표하였다. 비용은 중국 측에서 전액 부담하되 역사적 고증은 한국으로부터 받겠다고 밝혔다.

13일부터는 파키스탄을 방문했다. 대한민국과 파키스탄은 1983년 11월 7일 정식으로 외교 관계를 수립하였다. 현재 국내 여러 기업이 현지에 진출해 있고, 약 800여 명에 달하는 한국인 체류자가 머물고 있다. 그런데 수교 이후 파키스탄에서는 대통령과 총리가 모두 다섯 차례 대한민국을 방문했지만 우리나라에서는 한 번도 방문한 적이 없었다. 2014년 1월에 박근혜 대통령이 인도를 공식 방문했으나 바로 옆 나라인 파키스탄 방문 일정을 갖지 못해 파키스탄 정부로서는 다소 섭

5.
인생은 결국 봉사하다 떠나는 것이다

섭한 분위기였다.

　이러한 때에 수교 이후 30여 년 만에 대한민국 국무총리가 첫 번째로 파키스탄을 방문한 것은 큰 의미를 갖는 것이었기 때문에 대대적인 환영의 분위기를 느낄 수 있었다. 파키스탄을 방문한 대한민국 총리로서 나는 나와즈 샤리프 총리와 맘눈 후세인 대통령을 잇달아 만나 양국의 경제협력 강화 방안과 한국 기업의 활발한 경제활동, 교민들에 대한 적극적인 지원책 등에 관해 다양한 의견을 나누었다. 그동안 대통령과 총리가 한 번도 방문하지 않아 섭섭한 마음을 품고 있던 파키스탄 지도자들이 매우 흡족해 하면서 양국 관계 발전에 큰 기대를 갖게 되었다. 아울러 현지 교민들과도 만나 어려운 여건 속에서 고군분투하고 있는데 대해 격려하면서 사기를 북돋아 주었다.

　모든 해외 순방 일정을 마치고 전용기 편으로 귀국 길에 올랐다. 4월 16일이었다. 중간 지점에서 급유를 위해 태국의 방콕에 잠시 들렀을 때였다. 그동안 국내 사정이 어떤지를 알아보도록 지시하자 곧바로 비서진의 대답이 이어졌다.

　"총리님, 큰일 났습니다. 한국 시각으로 오늘 오전 8시 50분경 전라남도 진도군 조도면 부근 해상에서 인천을 출발해 제주도로 향하던 청해진해운 소속 여객선 세월호가 전복되는 사고가 발생했답니다. 탑승 인원이 학생들을 포함해 500명 가까이 된다는데, 워낙 물살이 거센 지역이라 구조 작업이 원활하지 않은 것 같습니다. 해양수산부, 안전행정부, 교육부, 해양경찰청 등 관련 부처와 기관들이 총력을 기울여 구조 작업을 진행 중이라고 합니다."

"뭐라고요? 어째 그런 일이 있을 수 있나… 먼저 인명 구조에 최선을 다하라고 해수부에 지시하고, 관계 장관들을 도착 시간에 맞춰 목포로 소집하도록 하세요. 그리고 비행기를 무안공항에 착륙시키라고 해주세요. 도착하자마자 현장으로 갈 겁니다."

성공적으로 순방을 마치고 귀국하던 나는 세월호가 전복되었다는 소식을 접하고는 망연자실할 수밖에 없었다. 도저히 있어서는 안 될 일이 일어난 것이다. 참담한 심정이었다. 나는 비행기 안에서 온갖 상념에 젖어들었다. 이번 순방 기간 중 외국 지도자들에게 우리나라의 발전상과 기술의 우수성을 그토록 강조하면서 상호 협력을 주창했는데, 이 사고 소식을 듣고 그들이 어떻게 생각할까를 떠올리니 참담한 심정이 더해졌다. 어쨌든 빨리 비행기가 공항에 도착하기만을 바랐다. 밤 10시 30분경 전용기가 무안공항에 착륙했다. 즉시 목포 시내에 있는 해양경찰청으로 이동해 관계 장관 대책회의를 가진 뒤 탑승객 가족들이 모여 있는 진도체육관으로 발걸음을 옮겼다. 자정이 넘어선 시간이었다. 경호원들의 염려가 있었다.

"지금 가족들이 많이 격앙되어 있다고 합니다."

"경호 팀이 나서면 가족들을 더 자극할 수 있으니 다들 빠지도록 하세요. 나 혼자 가족들을 만나 이야기를 나누겠습니다."

나는 경호 팀을 물리친 채 진도체육관에 들어가 가족들에게 다가갔다. 입구 양옆으로 가족들이 모여 있었다. 두세 가족을 먼저 만나 미안하다고 사과하고, 따뜻한 위로의 말을 건넸다. 내가 온 걸 알고 사람들이 모여들기 시작했다. 나를 중심에 두고 두 겹 세 겹으로 사람들이 에워쌌다. 나는 가족들과 허심탄회하게 사고 원인과 구조 상황, 그리고

5.
인생은 결국 봉사하다 떠나는 것이다

수습 방법 등에 대해 이야기를 하고 싶었다. 그러나 차디찬 바닷속에 어린 자녀들이 잠겨 있는 학부모들은 극도로 예민한 상태였다. 내 말소리는 흥분한 가족들의 외침에 힘없이 파묻혀 버렸다. 사방에서 발길질이 시작됐고, 물병이 날아왔으며, 손을 잡아 꼬집기까지 했다. 양복 상의가 갈기갈기 찢겨져 나갔다. 도저히 더 이상 대화는 불가능했다. 나는 진도체육관 안을 겨우 한 바퀴 돈 뒤 밖으로 물러나야만 했다. 이루 말할 수 없이 비통했다. 우리 사회가 가진 어두운 면과 부조리들이 한꺼번에 터져 버린 것 같은 대참사 앞에서 그저 지켜볼 수밖에 없는 무력감이 괴로웠다.

구조 작업과 현장 수습, 그리고 가족들에 대한 빈틈없는 지원을 당부하고 서울로 올라왔다. 총리공관에 도착하니 새벽 4시였다. 내 몰골을 본 아내는 어찌할 줄을 몰랐다. 말끔하게 양복을 차려입고 해외 순방에 나섰던 남편이 옷이 다 찢기고 손등에는 피가 묻은 상태로 돌아왔으니 얼마나 놀랐겠는가? 나는 자는 둥 마는 둥 잠깐 누웠다 일어나 본격적인 사고 수습에 나섰다. 박근혜 대통령이 진도 사고 현장을 방문하겠다고 한다는 말이 전해 왔다.

내가 먼저 사고 수습에 앞장설 테니 시간이 조금 지난 후 가는 게 어떻겠느냐고 했으나 박 대통령은 현장에 가봐야한다고 하면서 이튿날인 4월 17일 사고 현장을 방문한 뒤 진도체육관에 들러 가족들을 위로하고 대화를 나누었다.

"…있을 수 없는 일이 일어난 것에 대하여 먼저 사죄를 드립니다. 우선 모든 인력과 장비를 동원하여 구조에 힘쓰고, 그 일일 상황을 가족들에게 설명해 드리겠습니다."

운명과 경주를 한
정홍원 스토리

　온 나라가 침통한 분위기 속에 빠져든 가운데 세월호는 사고 사흘째인 4월 18일 바닷속으로 완전히 침몰하였다. 선체 일부가 물 위에 남아 있을 때 발을 동동거리면서 해난 전문가와 해수부 장관을 비롯한 관계자들에게 물 위에 있는 선체가 가라앉지 않도록 쇠줄 등으로 묶어 당기고 있으면 살아 있는 사람들이 에어 포켓으로 숨 쉴 공간이 마련되지 않겠느냐는 상식적인 의견을 제시하였으나 그 작업을 하려면 구조 활동을 중단하고 해야 된다는 기술진의 의견에 막혀 더 이상 이를 실행할 수가 없었다. 얼마 후 마지막 남아 있던 선체마저 허망하게 바닷속으로 사라지는 모습을 눈물로 지켜볼 수밖에 없었던 것은 지금도 나에게 가장 큰 고통의 순간으로 남아 있다.
　최종적으로 탑승객 476명 가운데 172명만이 구조되었고, 299명이 사망했으며, 5명이 실종된 것으로 파악되었다. 특히 세월호에는 제주도로 수학여행을 떠난 안산 단원고등학교 2학년 학생 324명이 탑승해 있었기에 안내방송만 믿고 배 안에 머물러 있던 어린 학생들의 희생이 많았다.
　나는 죄인의 심정으로 열한 차례 진도에 내려가 25일 동안 밤을 지새우며 희생자 가족들을 위로하고, 사고 수습 대책을 논의하면서 현장에서 고생하는 잠수부 등을 독려했다. 세월호 사고를 수습하는 데 있어 가장 큰 어려움은 울돌목이라는 곳이 소조기(小潮期, 한 달에 두 번씩 밀물과 썰물의 수위 차이가 가장 작아지는 기간)를 제외하면 조류가 너무 빨라 하루에 잘해야 한두 시간밖에는 구조 작업을 할 수가 없다는 것이었다. 예로부터 울돌목은 바닷물이 간조와 만조의 때를 맞춰 병의 목 같은 좁은 곳을 일시에 지나가므로 조류가 거세기로 이름 높던 곳

5.
인생은 결국 봉사하다 떠나는 것이다

으로 임진왜란 당시 이순신 장군께서 이곳의 물살을 이용해 명량대첩을 거둔 역사의 현장이기도 했다. 게다가 배가 30미터 아래로 가라앉아 잠수부들의 구조 활동에 위험이 따랐고, 시정(視程, 목표물을 명확하게 식별할 수 있는 최대 거리)이 불과 2~3미터밖에 되지 않아 물속에서의 작업에 지장이 많았다.

그중 조류가 너무 빠른 것이 가장 큰 애로점이었는데, 전국에 있는 전문가들과 외국 구난 회사의 실무자로부터 여러 차례 자문을 구했으나 한시가 급한 상황에서 뚜렷한 해결책을 얻지 못하고 있었다. 하루는 세종시로 돌아와 골몰하던 중 갑자기 아이디어 하나가 떠올랐다. 많은 어선을 동원해 그물망으로 세월호 주변을 둘러싸면 물살이 한결 잔잔해져 구조 작업 시간을 대폭 늘릴 수 있지 않겠는가 하는 생각이었다. 다음 날 나는 새벽같이 진도로 내려가 전문가와 이업 종사자들을 모아놓고 구상했던 방안을 제시했다. 인근에 있는 어선들에 도움을 요청하면 기꺼이 달려와 줄 것이었다. 다들 내 말에 동의를 해주어 나는 이를 바로 시행토록 지시했다. 그런데 어쩐 일인지 하루가 지나도록 일에 진척이 없었다.

나는 일을 빨리 진행하라고 여러 차례 독촉했다. 그러자 실무자로부터 검토를 해봤지만 도저히 불가능하다는 결론을 내렸다는 보고가 올라왔다.

"세월호 양쪽에서 어선들이 그물망을 내려 물살을 막아 주려면 배에 가까이 다가가야 하는데, 너무 가까이 가면 잠수부들이 구조 작업하는 데 위험이 따릅니다. 그렇다고 너무 멀찍이 서 있으면 하나마나인 셈이고요. 적정한 지점에서 어선들이 그물망으로 물살을 막아 준다는 게 생각보다 기술적으로 쉬운 일이 아닙니다. 전문가들과 협의한 결과 어렵다는 결론이 났습니다."

일반인들이 상식선에서 생각하는 것과 바다와 선박에 관한 전문가들이 과학적으로 분석하고 판단하는 것 사이에는 많은 차이점이 있었다.

처음에는 잠수사들의 장시간 수중작업을 도와줄 수 있을 것으로 알려진 다이빙 벨Diving Bell도 실무진에서는 물살이 거센 현지 여건상 효용이 없다는 판단이었지만 나는 여한이 없도록 투입해 보라고 했으나, 결국 현장 투입을 포기하면서 유가족의 분노를 사는 일도 있었다.

진도에서 함께 지내는 시간이 길어지면서 처음에 내 옷을 찢으며 분노하던 가족들과 이심전심 함께 고통을 느끼고 슬픔을 나누게 되면서 나중에는 서로 부둥켜안고 눈물을 흘리는 사이가 되었다. 요즘은 잘해야 자녀를 한두 명밖에 낳지 않는데, 그토록 귀한 자식을 바닷속에 홀로 잠들게 두었으니 부모들 심정이 얼마나 애통했겠는가? 억장이 무너지는 일이었다.

나는 이들과 같이 지내면서 어떻게 하면 이런 일이 다시는 일어나지 않도록 할 수 있을까에 대한 고민을 거듭했다. 거기에는 대략 네 가지 대책이 필요하다는 생각에 이르렀다.

첫째는 안전을 담당하는 공직자들이 안전이라는 명제를 최고의 가치로 인식하여 안전 문제에 관한 한 한 치의 소홀함도 없도록 하는 것이 필요하다는 것이다.

둘째는 기업주들이 안전사고가 발생하면 망한다는 정신 자세로 이윤추구를 떠나 안전에 대한 최우선 조치를 취하고 철저하게 대비하는 것이 필요하다. 세월호는 무리한 화물 적재와 고박 불이행 등이 문제

5.
인생은 결국 봉사하다 떠나는 것이다

였다. 안전점검표에는 차량 150대와 화물 657톤을 실었다고 기재했지만 실제로는 차량 180대와 화물 1,157톤을 싣고 출발한 것으로 드러났다. 무리한 화물 적재는 세월호가 급격한 변침으로 복원력을 잃게 만든 원인이 되었다.

셋째는 배로 치면 선장, 비행기로 치면 기장 등 현장 책임자들이 자기가 맡은 일에 대해 막중한 책임감을 가지고 일하는 자세가 필요하다. 탑승객의 안전을 책임져야 할 선장을 비롯한 세월호 선원들의 승객 안전에 대한 책임 의식이 제대로 되어 있었더라면 결과는 정반대였을 것이다.

넷째는 국민들도 늘 안전에 대해 관심을 기울이면서 혹시라도 주변에 안전 불감증으로 인한 사고 요인은 없는지를 주시해 미비한 점이 발견되면 즉시 고발하고 항의하며 신고하는 대도를 갖출 필요가 있다.

세월호 침몰 사고 이후 2014년 11월 19일 국가적 재난관리를 위해 재난안전 총괄부서로 국무총리실 산하에 국민안전처가 신설되어 안전 마스터플랜을 만들 때 이 모든 대책이 포함되도록 지시하였다. 세월호 침몰 사고는 대한민국의 초라한 민낯을 여실히 드러낸 부끄러운 사건이었지만 그 뼈저린 교훈을 결코 잊지 않고 안전 선진국이 된다면 억울한 희생자에게 조그만 위안을 드리는 일이라 생각한다. 세월호의 아픈 희생이 결코 헛되지 않도록 할 강력한 의무가 정부에게, 공직자들에게, 살아남은 모든 사람들에게 주어져 있는 것이다.

다만 희생자 가족들의 순수한 마음이 일부 사람들의 정략적 의도에 의하여 훼손되는 일은 없었으면 한다.

"이토록 엄청난 국가적 재난이 일어났는데, 적절하게 대응하지 못해 국민들로부터 불신을 받고 원망을 듣게 한 정부를 대표해서 제가 무한한 책임을 지고 물러나도록 하겠습니다."

  사고가 발생하고 나서 며칠이 지난 후 나는 박근혜 대통령에게 사의를 표명했다. 대통령은 사고 수습이 중요하다며 사의를 만류했지만 나는 국민들께 사죄하고 책임을 지는 게 마땅하다고 생각해 세 차례에 걸쳐 사의를 표하여 대통령의 동의를 받아 냈다. 나는 일찌감치 아내와 함께 총리공관에 있는 짐을 싸서 예전에 살던 아파트로 모두 옮겨 놓았다.

퇴임 후 작은 교회에서
노숙인들과 함께한 일

나도 누군가에게 따뜻한 밥 한 그릇 같은

존재가 될 수 있다면

　　대통령에게 사의를 표하고, 대국민사과와 함께 사퇴 기자회견까지 마친 뒤 총리공관에서 짐까지 옮겨 놓았지만 나는 마음대로 총리직에서 물러날 수가 없었다. 후임 총리가 정해지지 않았기 때문이다. 후임 총리로 지명됐던 두 후보자가 연거푸 자진 사퇴함에 따라 총리 임명이 난항에 빠진 것이다.

　　나로서도 몹시 난감한 입장이 되고 말았다. 대통령 비서실장이 두 번이나 총리 공관을 찾아와 대통령의 뜻이라고 하면서 유임을 간청했다. 나는 퇴임을 기정사실로 하고 이사까지 마친 마당에 유임이란 적절치 않다며 완강히 거절을 했다. 그러자 박근혜 대통령으로부터 연락이 왔다. 나는 청와대로 들어가 대통령을 만났다.

　　"아시다시피 마땅한 분이 없습니다. 계속해서 총리직을 수행해 주시기 바랍니다. 할 일은 태산 같은데, 언제까지 인선 문제로 시끄러울 수는 없지 않습니까? 한 번만 더 국가를 위해 일해 주십시오."

"말씀은 잘 알겠지만… 제가 심신이 많이 지쳤습니다. 게다가 사의를 표하고 물러난 사람이 어떤 이유로든 계속 자리를 차지하고 있는 게 모양새도 별로 좋아 보이지 않습니다."

간곡한 사의에도 불구하고 박근혜 대통령은 총리도 국가의 부름을 받은 몸인데, 국가가 필요로 할 때 대의를 위해 응해야 하지 않겠냐며 나를 설득했다. 나는 국가의 부름이라는 말에 더 이상 대통령의 뜻을 거스를 수가 없었다. 유임을 결심하면서 나는 대통령에게 많은 건의를 드렸다.

"세월호 침몰 사고를 교훈 삼아 다시 시작한다는 각오를 가지고 정부 모두가 변해야 한다고 생각합니다. 대통령께서도 장관들에게 인사권을 대폭 넘겨 책임과 권위를 갖고 일을 할 수 있게 해주시고, 장관들을 수시로 만나 이야기를 듣고 대화하는 시간을 가져 주십시오. 대통령께서 만나야 할 사람들을 더 많이 만나고 대화하며 건의를 들으시면서 소통하는 모습을 국민들이 자주 볼 수 있도록 해주십시오."

"알겠습니다. 새로운 각오를 가지고 잘해 주시길 부탁드립니다."

대통령은 묵묵히 내 건의를 경청하였다. 그 뒤 비서실 조직에 인사수석을 신설해 인사 문제가 전문적으로 다루어질 수 있도록 조치했다. 장관들에게 국장 이하의 인사 전권을 위임하는 조치도 이루어졌다. 장관들과 그룹 미팅을 하는 등 기탄없이 이야기하는 기회도 가졌다. 박근혜 대통령은 합리적인 진언은 수용한다는 사실을 여러 차례 경험하였다. 다만 국민에게 보이기 위해 꾸며서 하는 행동은 하지 않겠다는

5.
인생은 결국 봉사하다 떠나는 것이다

생각이 강하다는 걸 느꼈다.

그러나 나는 박근혜 대통령이 소통이 부족하다는 말을 듣지 않기 위해서는 장관 등과 진지하게 대화하는 기회를 많이 가지면서 허심탄회한 토론으로 국정을 논하고, 그 모습을 텔레비전을 통해 국민들이 자주 보게 하는 것이 중요하다고 생각해 그에 관한 건의도 했다.

나는 국무회의를 통해 장관들에게 대통령과의 긴밀한 소통을 강조하였다.

"국무회의 때 장관들이 대통령 말씀을 수첩에 받아 적고 있는 모습이 텔레비전을 통해 중계되지 않도록 해주십시오. 대통령도 장관들 이야기를 받아 적을 수 있고, 직장 상사가 부하 직원의 말을 메모할 수 있지만 국민들이 텔레비전을 통해 그런 모습을 보며 불통이라고 지적한다면 의도적으로라도 안 하는 게 좋습니다. 정 필요한 경우 키워드만 메모하십시오."

나는 국무총리 역할을 계속 수행하게 되면서 두 번째 임기가 시작되었다는 각오로 소임을 완수하기 위해 더욱 고삐를 죄었다. 내가 주력한 것은 세월호 희생자 가족들이 사망한 유병언의 소유로 되어 있는 청해진해운 등의 사업체로부터 더 많은 변상을 받아내도록 하는 것과 유족 대표들과 협의하여 진상 규명과 보상 등이 원만히 합의될 수 있도록 하는 것, 그리고 세월호가 빠른 시일 내에 인양될 수 있도록 하는 것이었다. 아울러 우리 사회 곳곳에 누적되어 있는 여러 갈등 요인을 하나라도 더 풀어 보려고 노력하였다. 특별히 기회 있을 때마다 대통령을 만나 사회 각계각층의 의견과 바람들을 가감 없이 전달하고자 애를 썼다. 그러는 동안 해가 바뀌고 국무총리에 취임한 지 2년이 다가왔다. 나는 또 한 번 강한 의지로 대통령에게 사의를 표했다. 새해를 맞아 새 사람과 함께 제2기의 새로운 분위기로 일하도록 권한 것이다. 대통령도 이번에는 내 사의를 마지못해 받아 주었고, 후임 총리 인선 작업도 진행되었다.

나는 퇴임하기 직전 세월호 희생자 가족들 중 시신을 찾지 못해 실종자로 분류된 9명의 가족들에게 일일이 자필 편지를 써 보냈다.

"국정을 맡았던 총리로서 책임을 지고 물러나며 거듭 머리 숙여 사죄를 드립니다. 특히 아직까지 시신조차 수습하지 못한 9명의 실종자 가족 분들께 심심한 위로를 전합니다. 침몰된 배가 인양되면 늦게나마 수습되리라 믿습니다. 그저 미안하고 안타까운 마음뿐입니다. 부디 마음 더욱 굳게 먹고 용기 내시라는 말씀을 드립니다. 앞으로도 마음으로나마 성원을 보내겠습니다."

2015년 2월 16일 서울 세종로 정부종합청사에서 국무총리 이임식이 치러졌다. 나는 이임사에서 겸손을 특별히 강조하였다.

"…마지막으로, 우리 사회 모든 분야에 겸손의 문화가 확산되어 뿌리 내리기를 소망합니다. 겸손은 이른바 '갑질'을 멀리하고 배려를 불러옵니다. 겸손한 공직자는 부패하지 않습니다. 겸손은 소통과 융합을 불러옵니다. 겸손의 문화를 통해 우리 사회가 진정한 선진국형 사회로 나아가게 되기를 염원합니다."

총리 재임 중에 있었던 일 가운데 안타깝고 아쉬웠던 것 하나는 처음이자 마지막으로 대통령께 국무위원 해임건의를 한 것이었다. 2014년 2월초 전라남도 여수항에 기름 유출 사고로 주변 해역과 마을에 많은

5.
인생은 결국 봉사하다 떠나는 것이다

피해가 발생함으로써 주민들과 해양경찰, 여수시 공무원 등이 모두 나서서 피해 복구를 하며 방제작업을 하고 있었다. 윤진숙 해양수산부 장관은 주무부서 장관으로서 현장을 방문해 주민들을 위로하고 사고 수습을 독려할 예정이었다.

그런데 여수에 내려간 윤진숙 장관이 기름 유출로 오염된 현장에서 냄새 때문에 코를 막는 장면이 텔레비전에 고스란히 방송되었다. 사고를 수습하러 간 장관이 오히려 빈축을 사는 일이 발생한 것이다. 그전에도 말실수로 구설수에 오른 일이 있던 윤 장관은 야당의 공격 표적이 되었다. 마침 국회에서는 대정부질의가 진행 중이었는데, 오전에 몇몇 국회의원이 윤 장관 문제를 거론해 가까스로 방어를 하긴 했으나 오후에 들어서면서 윤 장관에 대한 사퇴 촉구가 더욱 거세졌다. 아무래도 그냥 넘기기에는 정치적 부담과 민심 이반이 너무 크겠다는 생각을 갖게 되었다. 대책을 고민하던 중에 마침 대통령과 통화할 기회가 주어졌다. 대통령은 윤 장관 문제에 대한 의견을 물어 왔다.

"윤 장관에 대해서 조치를 하는 것이 좋을 것 같습니다. 제가 윤 장관을 만나 처리하도록 하겠습니다."

"여론이 좋지 않죠? 그렇게 하십시오."

국회 질의가 끝나고 총리공관으로 돌아오는 시간에 맞춰 윤 장관을 들어오도록 했다.

"윤 장관, 본의가 아니더라도 국민에게 비친 자세가 잘못되면 민심이 떠나는 것이고, 이는 정부 전체에 누가 되는 것이니 그 책임을 묻지 않을 수가 없습니다."

"죄송합니다. 잘 알겠습니다. 제 성격이 본래 숨길 줄을 모르는 탓에 무심코 행동하다 보니 자칫 잘못 이해되는 경우가 있습니다. 여수에서도 냄새 때문에 코를 막은 게 아니라 재채기가 나오려고 해서 코를 막은 건데, 그런 오해가 생겼습니다. 어쨌든 국민들께 그렇게 비친 것은 전적으로 제 불찰이니까 기꺼이 책임을 지겠습니다."

내가 곧바로 대통령께 해임건의를 드림으로써 윤진숙 장관은 2014년 2월 7일자로 국무위원에서 해임되었다.

그 뒤 시간이 흐르면서 자기 자신이 책임을 통감하고 있는 마당에 내가 너무 명예롭지 못하게 해임건의를 한 게 아닌가 하는 마음이 들었다. 본인이 사표를 내고 수리하는 형식을 취했더라면 그렇게까지 불명예스럽게 물러나지 않아도 됐을 텐데 하는 후회가 든 것이다. 내가 총리로 재임할 동안 국무위원으로 일했던 사람들의 친목 모임을 가진 적이 있는데, 그 모임에 윤 전 장관이 참석해 밝고 순수한 모습을 보여주는 것을 보며 내 미안한 마음은 배가 되었다. 윤진숙 장관을 보면서 나는 사람의 내면과 외면이 얼마나 다를 수 있는가를 생각하게 되었다. 정치인들은 포장에 능한 사람들이다. 반면 일반인들은 포장을 잘할 줄 모른다. 그럼에도 우리는 포장된 겉모습만 보고 사람을 판단하는 경우가 흔하다. 내면과 외면이 일치하는 사람을 만나는 건 쉬운 일이 아니다. 겉모습은 조금 거칠어 보여도 속내가 한없이 해맑은 사람을 너무 빨리 예단해 상처를 준 게 아닐까 생각하며 나 자신을 되돌아보는 계기가 되었다.

다시 평범한 야인으로 돌아온 나는 지나온 삶을 반추하면서 국무총리까지 지낸 사람으로서 남은 생을 어떻게 보낼 것인가, 국가와 민족을 위해 어떤 봉사를 하다가 인생을 마무리할 것인가를 두고 깊은 성찰

5.
인생은 결국 봉사하다 떠나는 것이다

의 시간을 보냈다. 돌이켜 보면 경남 하동의 산촌에서 열두 남매 중 열 번째 자식으로 태어나 넉넉지 못한 형편 속에 온갖 고생을 도맡아 하며 혼자 힘으로 근근이 공부할 당시만 해도 나는 잘해야 고등학교를 간신히 졸업한 뒤 아버지를 도와 집안일을 거들며 평생 이름 없는 촌부로 살아갈 운명이었다. 그러던 내가 서울로 올라와 교직에 몸담게 되고, 야간대학을 졸업한 후 사법시험에 합격해 30년 동안 검사로 재직한 다음 뜻하지 않게 여러 공직을 거쳐 국무총리의 소명까지 감당하게 된 것은 나로서는 이해할 수 없는 순전한 하나님의 은혜였다. 비교하는 것이 가능한 일인지 모르지만 야곱의 열한 번째 아들인 요셉을 연단시켜 이집트의 총리가 되게 하신 하나님의 섭리가 아니고서는 내 삶의 과정과 고비들을 설명할 방법이 없었다.

내가 크리스천이 된 것은 셋째형님 덕분이었다. 미션 스쿨인 연세대를 다니던 셋째형님은 집안에서 가장 먼저 크리스천이 되어 가족들을 한 명씩 전도하기 시작했다. 나는 부산에서 영도초등학교를 다니던 시절부터 영도제일교회에 출석했다. 어려운 일이 생기고 고난이 닥쳐도 좌절하거나 포기하지 않고 늘 긍정적으로 생각하며 난관을 극복해 온 것은 내 타고난 성품 때문이기도 했지만 어릴 때부터 단련된 신앙의 힘이 컸다. 아버지는 완고한 유학자셨지만 불교 신자였던 할머니를 비롯하여 다른 가족들은 하나둘 기독교 신앙을 갖게 되었다. 진주사범학교를 다닐 무렵 나는 정문 앞 비석에 새겨진 "스승이 되기 전에 먼저 참된 사람이 되자"라는 문구를 보며 교사의 꿈을 키웠지만 동시에 구약성경에 나오는 다음 구절을 떠올리곤 했다.

오늘 내가 네게 명하는 이 말씀을 너는 마음에 새기고, 네 자녀에게 부지런히 가르치며, 집에 앉았을 때에든지 길을 갈 때에든지 누워 있을 때에든지 일어날 때에든지 이 말씀을 강론할 것이며, 너는 또 그것을 네 손목에 매어 기호를 삼으며, 네 미간에 붙여 표로 삼고, 또 네 집 문설주와 바깥 문에 기록할지니라.(신명기 6장 6-9절)

검사로 재직할 때는 임지가 정해지는 대로 옮겨 다니며 살아야 했기에 한 교회를 오래 다닐 수가 없었다. 그러다가 나를 장로로 세우고자 하는 어느 교회 목사님을 피해 교회를 옮기기도 했다. 교회에서 직분을 가질 만큼 신앙이 깊지 못하다고 자책했기 때문이다. 이후 분당에 있는 할렐루야교회 김상복 목사님을 만나면서 신앙이 먼저일 뿐 직분은 그다음이라는 생각을 고집하면 오히려 신앙 성장에 도움이 되지 않는다는 깨달음을 얻게 되어 뒤늦게 안수집사의 직분을 받게 되었다. 하지만 나는 아직도 직분에 맞는 신앙과 삶을 유지하고 있는지 늘 부족한 자신을 되돌아보고 있다.

공직에서 물러난 뒤 나는 서울 마포에 있는 산마루교회에서 노숙인들과 함께 예배를 드리면서 애환을 나누었고, 예배 후에는 그들에게 식사를 대접하는 작은 봉사를 2년 동안 계속했다. 예수님이 최후의 만찬 장소에서 제자들의 발을 일일이 씻겨 주신 일을 기념하기 위해 행하는 세족식에서 나는 그들의 발을 씻겨 주면서 그들이 결코 외롭고 불쌍한 존재가 아니라 예수님이 사랑하는 아름답고 소중한 존재임을 느끼게 해달라고 기도했다. 그때마다 가슴이 따뜻해지는 건 그들이 아니라 바로 나 자신임을 느끼게 되었다. 배고픈 설움은 굶어 본 사람만 안다.

5.
인생은 결국 봉사하다 떠나는 것이다

내 남은 인생 소외된 사람들에게 따뜻한 밥 한 그릇 같은 존재가 되어 살아갈 수 있다면 더 바랄 게 없을 것이다.

깨끗하고 따뜻한 사회를
만들기 위한 운동

많이 배우고 더 가진 사람들이 먼저 양보하고 배려하는 사회를 꿈꾸며

미국 유학을 다녀온 사람의 이야기다. 가난한 유학생인 그는 벼르고 별러 중고차 한 대를 구입했다. 학비를 대기도 버거웠지만 학교와 기숙사를 오가며 아르바이트까지 하려면 기동력이 있어야 했기 때문이다. 그런데 얼마 후 운전하다가 자기의 과실로 최고급 세단을 들이박고 말았다. 눈앞이 캄캄했다. 수리비로 천문학적인 금액이 나올 게 뻔했다. 자신의 등록금을 다 털어도 수리비를 감당하기 어려울 것으로 생각되었다. 그 유학생은 두렵고 떨려서 운전대를 붙잡은 채 차에서 내릴 생각도 하지 못하고 있었다. 잠시 뒤 피해 차량의 주인이 차에서 내려 자신에게 다가왔다. 그는 문을 열고 허리를 숙이며 말을 건넸다.

"어디 다친 데 없으십니까? 다행이군요. 보아하니 형편이 어려우신 것 같은데, 차 수리는 내가 알아서 할 테니까 걱정하지 마십시오. 앞으

5.
인생은 결국 봉사하다 떠나는 것이다

로 운전 조심하시고요. 행운을 빕니다."

　최고급 세단의 주인은 이렇게 말하고는 차를 몰고 가버렸다. 차 수리비를 물어내느라 학업마저 중단할지도 모를 위기에 빠졌던 가난한 유학생은 감격의 눈물을 흘렸다. 이것이 바로 자본주의 사회에서 더 많이 소유한 사람이 가지는 도덕성, 즉 노블레스 오블리주다.

　나 또한 이와 비슷한 일이 있었다. 검사 시절 중고차를 사서 타다가 모처럼 새 차를 사서 타고 다니기 시작할 때였다. 주차장에서 차를 운전하던 검찰청 기사가 과실로 내 차 왼쪽을 들이받았다. 하지만 생활이 어려운 검찰청 기사가 낸 사고라 수리비는 당연히 내 몫이었다. 나는 미안하다며 사과하는 기사에게 괜찮다면서 내 돈으로 차를 고쳤다. 그리고 나서 얼마 뒤 이번에는 검찰청 주차장에 잘 세워 둔 내 차를 검찰청에 파견 나온 경찰관이 운전 연습을 하다가 오른쪽 분싹을 들이받았다. 이번에도 연신 미안해하는 경찰관에게 괜찮다며 내 돈으로 수리를 마쳤다.

　한번은 해외 출장을 갈 일이 있어 집 주차장에 차를 세워 두고 다녀왔다. 돌아와서 확인해 보니 차 앞 유리창이 깨져 있었다. 인근의 아이들이 놀다가 돌을 던져 깨진 듯했다. 나는 또다시 자비로 차를 수리했다. 그런 일이 잇따르자 좌우로 치인 데다 앞발차기까지 당했으니 이제는 뒷발차기를 당할 차례라는 막연한 생각에 쓴웃음을 짓고 있었는데, 하루는 서초동 예술의 전당 앞에서 신호 대기로 서 있는 내 차를 누군가 뒤에서 들이받았다. 나는 드디어 올 게 왔구나 생각했다. 가난한 미국 유학생이 떠올랐다. 다친 사람만 없으면 됐지 싶었다. 나는 창문을 열고 뒤차 운전자에게 그냥 가라고 손짓을 했다. 그러고는 신호가 바뀌자 그냥 내 갈 길을 갔다. 아마 뒤차 운전자가 이상한 사람이라고 했을 것이다.

내가 충분히 감당할 수 있을 만한 수준의 일일 경우, 내가 조금 손해를 보더라도 그냥 참아 넘긴다면, 내가 상대방보다 좀더 많이 배우고 많이 소유하고 나은 자리에 있을 경우, 내가 다소 불이익을 당하더라도 상대방을 먼저 배려해 준다면, 우리가 사는 세상은 갈등과 대립이 조금은 더 줄어들고, 양보와 타협이 많아지는 살기 좋은 사회가 될 수 있을 것이다.

지금 우리 사회의 근본 문제는 많은 것을 소유한 사람이 자족하지 않고 오히려 더 많이 가지려 하고, 많이 배운 사람이 배우지 못한 사람을 살펴 주는 게 아니라 도리어 억누르고 무시하며, 좀더 나은 자리에 오른 사람이 그렇지 못한 사람에게 손을 내밀기보다는 아예 자기 근처에 오지 못하도록 두꺼운 장벽을 쌓는 데 있다. 한마디로 다 함께 잘 살기 위해 배려하는 게 아니라 나와 내 가족만 잘 살기 위해 탐욕의 노예가 되어 가고 있는 것이 아닌지 모르겠다.

내가 국무총리 재임 시 가장 안타깝게 생각했던 게 바로 이 점이었다. 갈등과 대립을 아무리 조정하고 중재하려고 애를 써도 이해 당사자 사이에 양보하고 배려하고자 하는 마음이 없으면 좀처럼 조정과 중재가 이루어지지 않았다. 나와 내 가족에게 조금이라도 피해나 손해가 되는 일은 사회 전체와 국가를 위해 꼭 필요한 일임에도 불구하고 일체 양보하고 배려하려 하지 않으니 타협이나 화해가 어려워지는 것이다. 사회 곳곳에서 일어나고 있는 불신과 반목을 바탕으로 한 갈등과

5.
인생은 결국 봉사하다 떠나는 것이다

대립이 지금처럼 봇물을 이루는 한 대한민국이 선진사회로 나아가기는 요원할 수밖에 없다. 갈등과 대립으로 인해 치러야 하는 사회적 비용 또한 천문학적인 숫자에 달한다. 우리 사회가 좀더 따뜻하고 부드러우며, 깨끗하고 맑은 사회가 되어야만 비로소 자랑스러운 선진사회로 나아갈 수 있을 것이다.

2015년 대한민국은 국내총생산GDP에 있어 세계 11위를 기록했으며, 무역 규모로는 2013년 기준 세계 9위에 올랐고, 같은 해 수출은 세계 6위로 상승했다. 뿐만 아니라 지난 50년 동안 세계 경제는 평균 6.6배의 성장을 이루었으나 우리나라는 350배의 성장을 이룬 것으로 나타났다. 1인당 국민소득이 3만 달러를 넘으면서 인구가 5,000만 명 이상인 나라를 '30·50클럽' 국가라고 일컫는다. 이에 해당하는 나라는 미국, 일본, 독일, 프랑스, 영국, 이탈리아 6개국뿐이다. 대한민국은 2012년에 인구가 5,000만 명을 넘어섰고, 최근 1인당 국민소득이 3만 달러에 달했다는 보도를 보았다. 세계에서 일곱 번째로 '30·50클럽' 국가에 진입한 것이다. 식민 지배를 받았던 국가가 '30·50클럽'에 진입하는 것은 세계 역사상 처음 있는 일이다.

그러나 우리는 밖으로부터 이토록 뜨거운 찬사를 받으면서도 내부에서는 스스로를 '헬 조선'으로 비하하며, 지역과 계층과 세대 별로 분열되어 충돌과 자책을 반복하고 있다. 보도에 의하면 우리 국민의 행복 만족도는 세계 57위에 불과하다고 한다. 겉으로는 놀라운 고도성장을 이루었지만 실질적으로는 빈곤층과 노령인구가 급증하고, 자살률과 청년 실업률이 증가하는 등 성장의 열매를 균형 있게 분배하는 데 미흡했고, 우리에게 맞는 복지제도를 만들어 운영하는 데 소홀했기 때문이다. 이에 따라 경제는 성장하지만 국민들이 느끼는 행복지수는 갈수록 떨어지는 기현상이 발생하고 말았다. 세계 경제는 침체의 늪을 벗어나고 있지만 대한민국의 경제는 주춤거리고 있는 사이에 저출산과 고령화가 지금 같은 추세로 이어진다면 대한민국의 미래는 한 치 앞을 내다볼 수 없게 될 것이다.

하지만 이 모든 문제를 국가가 다 해결할 수는 없다. 국민들의 의지와 이해와 동참이 반드시 수반되어야 한다. 내가 '깨끗하고 따뜻한 사회를 만들기 위한 운동'이 필요하다고 생각한 것은 바로 이와 같은 이유에서다. 대한민국 국민 모두가 부패가 없고 공정하여 깨끗하며 서로 나누고 배려하는 따뜻한 사회를 만드는 데 동참하여 갈등과 대립을 끝내고 화합하는 사회로 나아가지 않는 한 대한민국의 성장과 발전은 더 이상 지속되기 어렵다. 반면 국민 모두가 결연한 각오로 깨끗하고 따뜻한 사회를 만들기 위해 힘을 모아 전진한다면 우리는 '30·50클럽' 가입과 함께 명실상부한 선진국으로서 세계 역사의 중심 국가로 발돋움하게 될 것이다. 내가 국무총리 이임식에서 마지막으로 '겸손의 문화'를 강조했던 것은 이런 의미에서였다.

깨끗하고 따뜻한 사회를 만드는 방법은 거창하지도 어렵지도 않다. 아주 작은 것부터 실천에 옮기면 된다. 좁은 길을 걷다가 맞은편에 다른 사람이 걸어오면 먼저 길을 비켜 주고, 승강기를 타면 사람들이 타고 내릴 때 먼저 열림 단추를 눌러 주며, 이웃을 만나면 먼저 다가가 웃으면서 인사를 건네면 된다. 어디 가든 새치기를 하지 않고 먼저 줄을 똑바로 서며, 운전할 때 교통법규를 준수하면서 상대방에게 먼저 양보하고, 식당이나 펜션 등에 예약을 했으면 반드시 약속 시간을 지키되

5.
인생은 결국 봉사하다 떠나는 것이다

부득이하게 취소할 일이 생겼으면 미리 전화로 정중하게 예약을 취소해 상대방이 피해를 당하지 않도록 조치하면 된다. 일상생활에서 빈번하게 일어나는 이런 기본적인 것부터 실천하면 결국은 국제적인 수준의 선진 국가가 되는 것이다.

2016년 9월 28일부터 소위 '김영란 법'으로 불리는 '부정 청탁 및 금품 등 수수의 금지에 관한 법률'이 시행되었다. 공직자와 언론사, 사립학교와 사립유치원 임직원, 사학재단 이사진 등이 부정한 청탁을 받고도 신고하지 않거나, 직무 관련성이나 대가성에 상관없이 1회 100만원이 넘는 금품이나 향응을 받으면 형사 처벌하도록 규정한 법이다. 내가 총리 재임 중 이 법의 탄생을 위해 법무부와 국민권익위원회 안을 조율하기도 하였기 때문에 특별한 관심을 갖고 지켜보고 있다. 이를 계기로 대한민국이 부패 없는 깨끗한 사회, 정의롭고 따뜻한 사회가 되어 모든 국민이 행복지수가 높아지는 나라가 되기를 간절히 소원해 본다.

사상 초유의 현직 대통령
파면과 구속

역사 앞에 홀로 선다는 것

　　2016년 7월 국내 53개 기업이 미르·K스포츠재단에 774억 원에 달하는 거액을 강제로 출연했다는 언론의 의혹 보도로부터 시작된 소위 최순실 국정농단 사건은 가을로 접어들면서 온 나라를 뒤흔들었다. 최순실 씨와 그 주변 사람들이 두 재단과 권력을 이용해 사익을 챙겼다는 내용이 연이어 보도되는 와중에 최 씨의 딸 정유라 씨가 이화여대에 부정 입학해 학사 특혜를 받았다는 사실에다 정유라 씨가 부모의 능력도 실력이라는 취지의 말을 한 사실까지 알려지자 사태는 걷잡을 수 없이 악화되었다. 설상가상으로 최 씨가 대통령의 연설문과 각종 정책 자료는 물론 고위 공직자의 인사에까지 관여했다는 보도가 잇따르면서 민심의 분노는 들끓기 시작했다. 박근혜 대통령은 두 차례에 걸쳐 대국민 사과를 했지만 국민들을 납득시키지 못함으로써 분노한 민심을

5.
인생은 결국 봉사하다 떠나는 것이다

진정시키기에는 역부족이었다. 광화문 광장에서는 촛불 집회가 이어졌고, 정치권에서는 대통령의 하야를 요구하는 목소리가 터져 나왔으며, 정국은 한 치 앞을 내다볼 수 없을 만큼 혼란과 긴장 속으로 빠져들었다.

나는 고심 끝에 촛불 시위가 불길처럼 번져 갈 무렵인 11월 16일자로 '국민 여러분께 드리는 글'을 발표했다. 일부 무책임한 언론을 통해 확인되지도 않은 의혹들이 무차별적으로 보도되며 마치 박근혜 대통령이 최순실 씨가 없으면 아무 일도 하지 못하는 사람인 것처럼 자꾸만 민심이 왜곡되고 악화되는 상황을 지켜보면서 진실에 대한 갈망이 너무도 간절했고, 국민들이 진실에 기초해 정확한 판단을 할 수 있게끔 호소해야겠다고 생각했기 때문이다.

"…참으로 답답하고 암담한 심정입니다. 헌정 사상 처음으로 현직 대통령이 검찰 수사를 받아야 할 상황이고, '하야'와 '탄핵'이라는 말들이 쏟아지고 있습니다. 박근혜 정부 출범 4년차에 어쩌다 이 지경이 되었는지 모르겠습니다. 국민 여러분께서도 좌절감을 느끼셨겠지만, 박근혜 정부의 초대 총리를 지낸 제가 갖는 참담함은 이루 말할 수 없습니다.

…하지만 지금은 검찰 수사가 진행 중이고, 진실 규명 작업이 한창인데도 실체와 증거보다는, 추측과 확인되지 않은 의혹들에 힘이 실리고 있는 상황입니다. 진상이 드러나기도 전에 보도를 통해 모든 내용이 기정사실화되고 있는 느낌입니다. 바로 이것이 우리가 그렇게도 금기시하는 마녀사냥이 아니고 무엇이겠습니까. 참으로 안타깝습니다.

…최순실이 저지른 불법, 위법 행위에 대통령이 개입한 사실이 있다면 그에 대한 응분의 책임은 피할 수 없는 일입니다. 국민 누구나 법 앞

에 평등하듯이, 대통령도 예외일 수 없기 때문입니다. 그러나 진실 규명도 되기 전에 대통령에게 무한 책임을 지라는 요구와 주장, 그 또한 결코 법 앞에 평등이 아닙니다. 그것은 일시적 분풀이에 불과할 뿐입니다.

…국민 여러분! 이제는 냉정을 되찾아야 합니다. 대통령에 대한 검찰 조사와 특검 조사가 예정되어 있습니다. 진실은 가려질 수 없습니다. 진실이 규명된 후 그에 상응한 책임을 물으면 될 것입니다. 그러나 사실관계가 확인되지 않은 상태에서 법적, 정치적, 도의적 책임을 일방적으로 추궁하는 일이 있어서는 안 됩니다. 산업화와 민주화에 성공한 세계 10위권 경제대국이라 칭송받는 대한민국의 위상에 걸맞은 국민적 성숙함을 보여야 할 때입니다. 다시 말씀드리자면 검찰 수사 결과 발표를 지켜보는 인내심이 필요한 때입니다."

어렵사리 국민들께 간곡한 호소를 했지만 사태는 좀처럼 가라앉지 않았다. 많은 지식인들이 지지의 뜻을 전해 주었으나 분노의 열기에 파묻혀 내 말에 수긍하는 목소리가 힘을 얻지 못했다. 이윽고 여야 합의로 국회를 통과한 이른바 최순실 특검법에 의해 박영수 전 서울고검장을 특별검사로 하는 역대 최대 규모의 특검 팀이 꾸려져 현직 대통령에 대한 수사가 시작되었다. 그러더니 급기야 12월 9일 박근혜 대통령에 대한 탄핵소추안이 국회를 통과하고 말았다. 이로써 박 대통령의 권한은 모두 정지되었고, 황교안 국무총리가 대통령 권한대행으로서 그 직무를 대신하게 되었다. 모든 것은 헌법재판소의 선고에 따라 결정되게 될 운명에 처한 것이다.

탄핵소추안이 국회를 통과하고 나서 얼마 되지 않아 박 대통령으로부터 전화가 걸려왔다. 자신의 변호인이 되어 주기를 바란다는 취지였

5.
인생은 결국 봉사하다 떠나는 것이다

다. 나는 지금 사정이 여의치 않다고 하면서 뵙고 말씀드리겠다고 하여 12월 12일 오전 10시로 면담 날짜와 시간을 잡았다. 전화를 끊은 뒤 나는 깊은 상념의 시간을 보냈다. 박 대통령의 어려운 처지를 돕고, 혼돈에 빠진 나라 상황을 해소하는 데 조금이라도 역할을 해야 한다는 생각도 간절했지만 아무리 둘러봐도 내 환경이 변호 활동을 수용하기 어렵다는 판단에 이르렀다.

나는 대한법률구조공단 이사장에서 물러난 2011년 6월 이후 변호사 활동을 접었고, 더구나 국무총리직에서 퇴임하면서 변호사는 하지 않겠다고 선언까지 한 바 있었다. 그러다 보니 독서나 하고 사람 만나는 정도에 필요한 좁은 사무실에서 지내고 있어 여러 명의 변호사가 활동할 만한 공간을 갖고 있지 않았을뿐더러 법전이나 법률서적은 물론 최소한의 보조 인력조차 없는 처지였기에 변호를 위한 역할 수행이 도저히 불가능하다는 결론에 이른 것이다. 무슨 일을 맡으면 철저히 역할을 다해야 하는 내 성격상으로나 사안의 중대성에 비추어 볼 때 그저 변호인 명단에 이름이나 올리는 정도로 명목뿐인 변호인 노릇은 허용할 수 없기 때문이기도 했다.

"마음고생이 크시지요? 고난이 있으면 햇빛도 있는 법이니 마음을 잘 다스리십시오."

"지난번에 '국민 여러분께 드리는 글'을 발표하셨다고 들었습니다. 어려운 시기에 바른말을 해주신 데 대해 고맙게 생각하고 있습니다."

"확인도 안 된 내용들이 너무 사람들을 혼란스럽게 하고 있어 제가 욕먹을 각오하고 국민들께 호소를 한 겁니다."

"이제 헌재의 재판을 앞두고 있는데… 정 총리님이 변론을 맡아 주시면 고맙겠습니다. 주위에서 사람들이 정 총리님 이야기를 하시더군요."

박 대통령은 자신의 변론을 맡아 달라는 이야기를 다시 꺼냈다. 나는 박 대통령께 완곡하게 고사의 말씀을 드렸다.

"아무래도 저는 직접 나서기보다는 간접 지원을 하는 게 좋을 것 같습니다. 저는 공직에서 물러나면서 변호사 일을 하지 않겠다고 선언한 이후 변호사 개업을 하지 않았을 뿐만 아니라 변호사로 활동하는 데 필요한 그 어떤 보조 인력이나 시설조차 갖고 있지 않습니다. 그러니 대통령께서 헌법재판관 출신 중에 명망 있는 분을 팀장으로 해서 변론 팀을 꾸리고, 저와 연결해 주시면 제가 자문을 하는 등 간접적으로 지원하도록 하겠습니다."

그러면서 나는 박 대통령에게 이런 이야기를 했다.

"사실은 얼마 전 두 번째로 '국민 여러분께 드리는 글'을 발표하려고 준비했었습니다. 내용은… 첫째는 대통령께서 직접 진상을 소상하게 밝히라는 것이었습니다. 온 국민이 지금 많은 의문을 갖고 있지만 진상에 대해 잘 알지 못하기 때문에 점점 더 혼란이 가중되고 있는 겁니다. 그러니 대통령께서 나서서 스스로 진상을 낱낱이 밝혀야 의문이 풀릴 겁니다. 3차 대국민 담화 시에는 진상을 밝히고 기자들의 질문도 받겠다고 한 약속을 지키는 의미도 있습니다. 둘째는 정치 지도자들이 사심을 버리고 나라를 위한 마음으로 신중하게 처신해 달라는 것이었습니다. 셋째는 언론이 자꾸 의혹만 가지고 애먼 사람 잡지 않도록 진실을 추구하는 사명을 다해 달라는 것이었습니다. 그런데 뉴스를 보니 곧 청와대에서 대통령이 담화를 할 예정이라고 해서 저는 발표를 포기했었습니다. 하지만 기다려도 대통령 담화가 나오지 않아 실망했습니

5.
인생은 결국 봉사하다 떠나는 것이다

다. 저는 대통령께서 직접 공개된 장소에서 국민들에게 진상을 설명하는 일이 꼭 필요하다고 생각합니다."

"그건… 특검을 앞두고 제 담화가 부담이 될까 해서 하지 않았던 겁니다."

언제 박 대통령을 다시 만날 수 있을지도 모르고, 또 시국이 워낙 급박하게 돌아가는 시점이었기에 나는 그 기회를 통해 대통령에게 진심 어린 고언을 했다.

"지금 시중의 여론 주도층들은 아무런 경륜이 없는 최순실이라는 사람이 대통령과 함께 중요한 국정을 논의했다는 보도에 분노와 실망을 금치 못하고 있습니다. 저는 대통령님의 성품을 알기 때문에 최순실에게 한몫 챙겨 주려고 했다고는 생각하지 않습니다."

내 밑에 대통령은 고개를 절레절레 흔들었다.

나는 박근혜 대통령이 부패와는 거리가 먼 사람이라고 확신해 왔다. 총리 재임 시절 박 대통령께 이런 건의를 한 적이 있었다.

"정부가 아무리 열심히 일을 해도 부패 사건이 한 번 터지면 모든 것이 수포로 돌아갑니다. 부패 문제는 새로운 정부가 들어선 초기부터 엄중하게 다루어야 한다고 생각합니다."

박 대통령은 이에 대해 공감을 넘어 더욱 단호한 의지를 보이면서 적절한 방안을 마련하라고 주문하였다. 그에 따라 총리실 내에 범정부적인 부패척결단을 구성하였고, 우선적으로 복지 예산을 유용하거나 횡령한 행위를 찾아내는 등 정부 차원에서 강력한 부패 척결 노력을 기울이기 시작한 사연이 있기 때문이었다.

"국민들은 지금 진상을 들을 기회가 없다 보니 온갖 자극적인 뜬소문을 듣고 감정에 휩싸여 분노를 터뜨리고 있습니다. 저는 대통령께서 결연한 각오로 임해야 된다고 생각합니다. 국민으로부터 신망받는 분들에게 변론을 맡기시되, 대통령님은 국민을 상대로 진실을 낱낱이 밝히는 겁니다. 최순실 씨를 어떻게 알게 되었고, 어떤 일이 있었으며, 그가 부당한 짓을 한 일이 있었다면 이를 언제 알았고, 그 후 어떤 조치들을 취했는지 소상하게 밝혀야 합니다. 그래서 국민들이 '아, 그렇게 된 것이구나' 하고 납득한 다음 그렇다면 그에 상응한 처분이 무엇인가를 차분히 생각해 여론이 형성되도록 해야 합니다."

박 대통령은 아무런 대답도 하지 않고 묵묵히 내 말을 듣기만 했다.

"…여러 가지로 힘들고 괴로우실 테니 틈날 때 성경도 읽으시고, 교회도 나가시면 좋겠습니다. 세월이 지나면 국민들이 진심을 알아줄 겁니다. 저도 퇴임 후 노숙인들을 위한 봉사 활동을 하고 있는데, 제 스스로 위안을 많이 받습니다."

대략 1시간 동안 이런 이야기를 나눈 뒤 나는 청와대를 나왔다. 돌아오면서 박 대통령의 요청을 제대로 들어드리지도 못하면서 쓴소리만 한 것 같아 죄송한 생각도 들었으나 나라도 한 번은 고언을 드려야 하지 않았나 하고 자답했다.

그날 이후 박 대통령에게서는 아무런 연락이 오지 않았고 나는 그때의 부탁을 들어드리지 못한 것이 지금도 마음에 큰 멍으로 남아 있다.

사람들 가운데는 내가 2년 동안 국무총리로 있었으니 혹시 최순실이라는 존재에 대해 아는 게 없었는지 묻는 사람이 더러 있다. 하지만 청와대 내부의 지극히 사적인 관계에서 일어난 일이기에 나로서는 전혀 알 길이 없었다. 이제 와 생각해 보면 어쩌다가 현직 대통령이 헌법

5.
인생은 결국 봉사하다 떠나는 것이다

재판소로부터 파면을 당하고 구속에 이르게까지 되었는지, 법치국가에서 도대체 어떻게 해서 파면이 먼저 되고 구속이 이루어진 다음에야 진실을 규명하기 위한 재판이 진행되는 상황이 벌어지게 되었는지 비탄한 심정을 가눌 길이 없다. 처음 의혹이 불거졌을 때 대통령이 국민들께 진심을 다해 모든 것을 밝히고 잘못된 부분에 대하여는 진정성 있게 용서를 구했더라면 이렇게까지 되지는 않았을 텐데 하는 진한 아쉬움이 남는다. 재판 과정에서 참된 진실이 밝혀졌으면 하나 그렇지 못한 부분이 있더라도 언젠가 세월이 흐르고 나면 모든 것이 사실 그대로 다 드러나리라 믿는다.

거의 매일같이 텔레비전을 통해 푸른 수의를 입고 초췌한 모습으로 재판정에 출두하는 전직 대통령을 지켜보는 일은 너무도 고통스러운 일이다. 때로는 애간히고 안쓰러운 마음에 눈물도 나고, 오랫동안 수족처럼 수발을 들던 사람이 잘못을 저질렀더라도 공개적으로 이를 지적하여 책망하기 어려웠으리라 이해되기도 하지만 때로는 도대체 최순실이라는 사람과 어떤 일이 있었기에 국민들 앞에 충분히 해명하지 않고 말았는지, 친동생조차 멀리했던 분이 최순실에게는 왜 그리 너그러웠는가 하는 생각에 화가 나기도 한다. 다만 재판을 담당하는 법원에, 나아가 국민들께 절절히 호소하고 싶은 것은 감정이 아니라 실체적 진실에 기초하여 판단하는 선진 국민의 의식을 갖자는 것이다. 증거에 의하여 명백히 밝혀진 진실에 범법이 있다면 마땅히 처벌받아야 할 것이지만, 감정에 치우쳐 주관적 심증으로 판단을 하거나 그것을 요구해서는 안 된다는 점을 다시 한 번 강조하고 싶다. 역사 앞에 홀로 선다는 것은 참으로 두려운 일이다. 한 개인의 인생도 그렇거늘 한 국가의 최고 지도자인 대통령이야 오죽하겠는가. 그래서 바르게 산다는 건 끝없이 역사와 대화하는 일이라 해도 과언이 아닌 것이다.

에필로그

한줌 바람도 제 갈 길을 따라 불거늘
하물며 사람이랴

지금의 나의 아내는 평범한 가정에서 태어난 조용하고 따뜻한 성품을 가진 여자이다. 고지식하고 원리원칙주의자였던 나 때문에 아내는 신혼 초부터 마음고생이 심했다. 모든 걸 내 얄팍한 월급봉투에 의지해 살아가야 하는 게 고통스러웠을 것이다

어쩌다 친지들이 특산물이라고 과일이나 생선 등 먹을 걸 보내오면 나중에 반드시 다른 선물로 되갚아주려고 하여 빠듯한 살림 형편에 고초가 컸을 것이다. 특히 아내에게 고마운 것은 내가 남동생이 대학을 다닐 때 등록금을 대주고, 여동생이 결혼할 무렵 미약하나마 혼수 준비를 해줄 때도 싫은 기색 한 번 보이질 않은 것이다. 오히려 자기 친동생처럼 나서서 챙기며 내가 불편해 하지 않도록 배려해 주었다. 그 세심한 마음 씀씀이가 늘 내 마음속에 감동으로 남아 있다.

아내는 몸이 건강한 편이 아니다. 그럼에도 나랑 식사를 할 때면 잘 먹지를 않았다. 더구나 맛있는 반찬이 밥상에 올라오면 나 먹으라고 일부러 손을 대지 않는 것 같았다. 처음에는 그러지 말라고 하다가 고쳐지질 않아서 나는 밥을 빨리 먹는 것으로 처방을 바꾸었다. 내가 빨리 먹고 상에서 물러나야 아내가 맛있는 반찬을 하나라도 더 먹을 수 있었기 때문이다. 형제자매가 많은 집에서 자라난 탓에 어릴 적부터 식사 시간이 되면 조금이라도 더 많이 먹기 위해 본능적으로 식사 속도가 빠른 데다, 군대 생활을 하면서 밥 빨리 먹는 게 더 가속화되었는데, 결혼하면서 아내 덕분(?)에 식사 속도가 더 빨라진 것이다. 국무총리 재임 시절 총리실 직원들과 함께 식사를 하는데, 한 간부가 나 보고 왜 이렇게 식사를 빨리 하느냐고 물었다. 둘러보니 내가 숟가락을 놓았을 때 다른 사람 중에 반도 안 먹은 사람도 있었다. 나는 겸연쩍게 웃으면서 내가 왜 이렇게 식사 속도가 빨라졌는지를 자세히 설명해 주어야만 했다.

아내와 결혼 생활을 하면서 나는 내 어릴 적 가정 모습을 답습하지 않도록 하기 위해 내심 애를 썼다. 일이나 꿈도 중요하지만 무엇보다 책임감 있고 자상한 가장이 중요하다는 사실을 어릴 때 경험을 통해 깨달았기 때문이다. 결혼한 지 2년 만인 1978년 기다리던 아들 우준이가 태어났다. 열두 명이나 되는 동기간 사이에서 부대끼며 자란 나는 자식 욕심이 별로 없었다. 하나님이 주시는 대로 낳아 최선을 다해 양육하겠다는 마음만 갖고 있었다. 의도한 것은 아니었지만 내게는 외아들이 전부였다. 우준이는 별 탈 없이 잘 자라 주었다. 내가 지방으로 근무지를 옮길 때마다 우준이는 나를 따라 전학을 다녔다. 그래서 우준이는 초등학교 6년 동안 학교를 무려 다섯 군데나 다녀야 했다. 나는 어릴 적부터 우준이에게 혼자 생각하고 행동하는 습관을 길러 주려고 노력하였다. 초등학교 4학년이 되면서부터는 목욕탕이나 이발소도 아빠 엄마가 따라가지 않고 혼자서 다녀오도록 했다. 독자이기 때문에 부족하기 쉬운 자립심을 키워 주기 위해서였다.

부산지방검찰청 동부지청 부장검사로 근무할 때였다. 나는 퇴근하면 곧바로 집에 와서 우준이에게 문제집 한 권을 펼쳐 놓고 공부하는 법을 가르쳤다. 단지 문제를 풀고 답을 맞히는 게 아니라 왜 오답이 나왔는지, 어떻게 해서 정답이 나오게 되는지, 이런 답을 찾아내려면 어떤 과정을 거쳐야 하는지를 일일이 파악하고 분석하면서 원리를 이해하는 방법을 가르친 것이다. 6·25전쟁 당시 동영 노대도로 피난했을 때 틈만 나면 아버지가 나를 앉혀 놓고 《추구抽句》에 나오는 한자 성어를 가르쳐 주시던 때가 떠올랐다. 아버지가 내게 그랬듯 나도 아들에게 공부를 가르치고 있었던 것이다. 그것은 단순한 학습이 아니었다. 아버지와 아들 사이의 소통이자 교감이며 추억 쌓기인 동시에 정신적 전승의 일환이었다.

4개월 만에 문제집 한 권을 다 풀었다. 임지를 옮겨 다시 서울로 올라왔을 때 우준이는 6학년이었다. 공부하는 원리를 터득해서인지 이때부터 우준이는 늘 상위권 성적을 유지했다. 머리는 좋지만 다소 덤벙대는 경향이 있다는 평을 받던 아이가 몰라보게 집중력이 강한 아이가 된 것이다. 나를 따라 지방을 돌며 학교를 다니느라 서울에서 학교를 다닌 기간이 짧아 고등학교에 진학할 때 집 근처 학교에 배정되지 못하고 집에서 멀리 떨어진 용산고등학교로 배정을 받았다. 전학을 시켜 볼까도 생각했지만 용산고등학교에 입학하자마자 전교 수석을 차지하기에 그 학교와 인연이 잘 맞나 싶어 그대로 두었다. 그랬더니 과외 한 번 받은 적이 없음에도 불구하고 3년 내내 전교 수석을 놓치지 않았다. 나와 달리 이과를 선택한 우준이는 서울대 공대 전자공학과에 입학했다. 내가 알지 못하는 분야라 도움을 줄 수는 없었지만 그쪽에 대단한 흥미를 가진 게 분명했다. 대학원에서 석사과정을 마치더니 곧바로 박사과정을 마쳤다. 논문을 쓰고 박사학위만 받으면 오랜 공부가 끝나는 시점이었다.

어느 날 갑자기 우준이가 심각한 얼굴로 상의할 게 있다고 했다.

"아버지, 저 박사학위 포기하고 의대를 가거나 사법시험 준비를 할까 합니다. 오랫동안 고민했는데, 아무래도 전자공학 쪽에는 미래가 없는 것 같습니다. 제 길이 아닌 걸 알면서도 공부한 게 아깝다고 그냥 갈 수는 없지 않습니까? 어떻게 하는 게 좋겠습니까?"

뜻밖의 이야기를 들은 나는 깜짝 놀랄 수밖에 없었다. 박사과정까지 공부한 게 아깝기도 했을 뿐 아니라 자신의 전공을 이제 와서 바꾸려 한다는 게 선뜻 수긍이 가지 않았다. 좋은 말로 타이르며 생각을 바꾸도록 설득해 보았으나 허사였다. 우준이의 결심은 확고했다.

"네가 정 그렇다면 어쩔 수 없지. 내가 아무리 아버지라 해도 아들 인생을 대신 살아 줄 수는 없는 거니까. 그렇게 하도록 해라. 그런데 내 생각에는 의대를 다시 가는 건 너무 힘들 것 같으니 사법시험을 준비하는 게 어떻겠니? 나를 닮았으니 적성에도 맞을 게다. 내가 공부하는 데 도움도 줄 수 있고 말이야."

"네, 그렇게 하겠습니다. 감사합니다, 아버지!"

"단 사법시험 응시는 두 차례, 딱 2년만 하는 것으로 하자. 사법시험은 한두 번 안에 붙어야지 오래 공부한다고 해서 좋은 게 아니다. 몰입해서 집중적으로 공부하면 2년이면 충분해. 그 이상은 안 된다. 두 번 응시해서 안 되면 깨끗이 포기하는 거다. 약속할 수 있겠니?"

"네, 약속하겠습니다."

나는 우준이가 그동안 공부한 게 못내 아까웠지만 본인의 결심을 존중하기로 했다. 우준이는 나와의 약속을 지켰다. 사법시험에 두 번 응시한 끝에 합격을 한 것이다. 아들이 나와 같은 길을 걷게 된 것이 묘한 설렘을 주기도 했다. 우준이는 사법연수원을 마친 뒤 검사로 임용되었다. 내 젊은 날과 마찬가지로 여러 지방을 옮겨 다니며 검사로서 성장해 가고 있다. 내가 총리 새임 중일 때 남쪽 해안가 시정에 근무하나가 이동할 시기가 되자 아버지가 총리 재임 중에는 서울 지역 근무를 희망하지 않겠다고 하면서 지방의 검찰청 근무를 자원하여 가는 모습을 보고 고맙기도 하고 미안하기도 했다. 같은 법조인인 며느리를 만나 결혼한 우준이 부부에게 몇 년 동안 아이가 없어 걱정하던 차에 늦게 아이를 낳았는데, 쌍둥이 손녀였다. 이름을 한나, 유나로 내가 작명해 주었다. 자녀가 주는 기쁨과 손주가 주는 기쁨은 차원이 다르다. 눈에 넣어도 아프지 않다는 말이 어떤 의미인지를 쌍둥이 손녀를 돌보며 비로소 알게 되었다. 그 녀석들만 보고 있으면 도무지 시간 가는 줄을 모른다.

공자는 《논어論語》에서 나이 일흔을 '종심소욕불유거從心所欲不踰矩'라고 표현했다. "마음속으로 하고 싶은 대로 해도 법도에서 벗어나지 않는다"는 말이다. 공자 같은 성인이 아니니 그에 미치지 못하는 게 당연하다 해도 나는 어떤가를 수시로 자문해 본다. 되돌아보니 나는 참 바람처럼 살아온 듯하다. 그것은 순풍順風이나 미풍微風이 아닌 광풍狂風 같은 것이었다. 조금이라도 한눈을 팔거나 중심을 잡지 못했더라면 지금쯤 어디로 날아가 버렸을지 모른다. 그렇게 모진 운명의 바람 속에서 나는 길을 찾아 헤맸다. 길이 아닌 곳은 가지 않으려 했다. 길이 보이지 않으면 나타날 때까지 기다렸고, 애초에 길이 없는 곳은 내 발걸음으로 길을 만들었다. 한줌 바람도 제 갈 길을 따라 불거늘 하물며 사람이랴.

　길만 잃지 않는다면 어떤 거센 바람도 이겨 낼 수 있고 결국은 운명과의 경주에서도 승리할 수 있음을 나는 삶을 통해 체험했다. 정도正道를 걷는 인생만이 참인생임도 깨달았다. 이제 나는 기나긴 길의 끝자락에 선 셈이니 이 땅의 수많은 사람들이 광풍 속에 길을 잃지 않고 제 길을 찾아 뚜벅뚜벅 걸어갈 수 있도록 뒤에서 밀고 앞에서 당겨 주는 역할이 남은 셈이다. 나는 그 마지막 길을 위해 또다시 바람을 맞으며 중단 없이 걸어갈 것이다.

운명과 경주를 한 정홍원 스토리
Story of Jung Hong-won Who Raced against Fate

지은이 정홍원
펴낸곳 주식회사 홍성사
펴낸이 정애주
국효숙 김기민 김서현 김의연 김준표 김진원 송승호 오민택 오형탁
윤진숙 임승철 임진아 임영주 정성혜 차길환 최선경 허은

2018. 11. 9. 초판 1쇄 인쇄 2018. 11. 16. 초판 1쇄 발행

등록번호 제1-499호 1977. 8. 1.
주소 (04084) 서울시 마포구 양화진4길 3 **전화** 02) 333-5161 **팩스** 02) 333-5165
홈페이지 hongsungsa.com **이메일** hsbooks@hsbooks.com **페이스북** facebook.com/hongsungsa
양화진책방 02) 333-5163

ⓒ 정홍원, 2018

• 잘못된 책은 바꿔 드립니다. • 책값은 뒤표지에 있습니다.
• 이 도서의 국립중앙도서관 출판예정도서목록(CIP)은 서지정보유통지원시스템 홈페이지(http://seoji.nl.go.kr)와
국가자료공동목록시스템(http://www.nl.go.kr/kolisnet)에서 이용하실 수 있습니다.(CIP제어번호: CIP2018035592)

ISBN 978-89-365-0356-7 (03810)